员工离职管理研究

YUANGONG LIZHI
GUANLI YANJIU

李富田　李　妮　刘婷婷◎著

西南财经大学出版社
中国·成都

图书在版编目(CIP)数据

员工离职管理研究/李富田,李妮,刘婷婷著.—成都:西南财经大学出版社,2023.11
ISBN 978-7-5504-5998-4

Ⅰ.①员… Ⅱ.①李…②李…③刘… Ⅲ.①企业管理—人力资源管理 Ⅳ.①F272.92

中国国家版本馆 CIP 数据核字(2023)第 222353 号

员工离职管理研究
YUANGONG LIZHI GUANLI YANJIU
李富田 李 妮 刘婷婷 著

责任编辑:张 岚
责任校对:廖 韧
封面设计:墨创文化
责任印制:朱曼丽

出版发行	西南财经大学出版社(四川省成都市光华村街 55 号)
网 址	http://cbs.swufe.edu.cn
电子邮件	bookcj@swufe.edu.cn
邮政编码	610074
电 话	028-87353785
照 排	四川胜翔数码印务设计有限公司
印 刷	郫县犀浦印刷厂
成品尺寸	170mm×240mm
印 张	10
字 数	174 千字
版 次	2023 年 11 月第 1 版
印 次	2023 年 11 月第 1 次印刷
书 号	ISBN 978-7-5504-5998-4
定 价	68.00 元

前 言

离职作为一种社会现象，古已有之。本书研究的离职，是指员工终止与企业（组织）的劳动关系，主动离开企业，或者企业迫使员工离开企业的一种行为。无论是员工主动还是被动离职，离职都是一种单纯的个体经济行为或组织管理行为。在市场经济条件下，员工与企业作为市场主体，分别自主地进行选择，通过契约（劳动合同）形成劳动关系。劳动关系存续期间，员工处于在职状态。一旦劳动关系破裂，员工就面临离职。在激烈的竞争环境中，或者由于员工个人的原因，或者由于企业经营的原因，又或者由于第三方的原因，劳动关系破裂、终止将不再是个别、偶然的现象，因此离职是员工和企业经常面临的问题。员工离职对员工本人、对企业、对社会有一定积极的作用。比如，员工另谋高就，有利于自身发展；企业裁员，有利于降低人力成本；劳动力合理流动，有利于资源优化配置，提高社会整体效率。同时，员工离职也会给个人、企业和社会带来消极的影响。比如，员工失去收入来源，会使家庭生活窘迫；企业优秀人才流失，会使竞争力下降；失业率上升，会使社会负担加重；等等。发挥员工离职的积极作用，克服员工离职的消极影响，既是企业人力资源管理工作的重要职责，也是本书撰写的初衷。

本书一共有六章。第一章“员工离职与离职管理概述”，主要介绍了员工离职和离职管理的一般性知识。第二章“员工离职管理及相关因素的文献梳理”，梳理了近年国内外学者在离职管理方面的研究成果，同时对实证研究涉及的员工离职的相关因素（工作嵌入、职业规划、工作—家庭冲突、工作满意度、组织承诺等）的研究成果进行了系统的梳理。第三章“员工离职的相关理论”从社会学、人口学、心理学、经济学和管理学等多学科的角度分析了员工离职管理的理论基础或理论借鉴。第四章“员工离职管理实证研究（一）：基于工作嵌入视角”，借助问卷调查数据，从工作嵌入的角度，探讨了新生代员工的离职管理问题。第五章“员工离职管理实证研究（二）：基于工作—家庭冲突视角”，同样是通过问卷收集数据，从工作—家庭冲突的视角，分析研究了员工的离职管理问题。第六章“研究启示与建议”，根据实证研究的结论，提出相应的管理建议。

同已有的研究成果相比，本书在三个方面有所突破。第一，从多学科角度梳理了员工离职管理的相关理论。已有的研究大多从管理学的角度探寻员工离职的基础理论，用得较多的是激励理论、组织行为理论和薪酬理论，但是我们发现，其实很多社会学、人口学、心理学和经济学的理论也可以为员工离职管理提供理论支持或借鉴，比如社会学中的社会交换理论、社会流动理论，人口学中的人口迁移理论、心理学中的心理契约理论、经济学中的资源配置理论、劳动就业理论、劳动力流动理论等。第二，从工作嵌入的角度专门讨论新生代员工的离职问题，构建了由职业规划、工作嵌入、离职意愿组成的关系模型，将未离职与已离职状态区分开，探索了新生代员工的工作嵌入程度感知在未离职与已离职状态下的影响差异，得出企业在嵌入干预过程中会使工作嵌入对离职倾向产生负面影响的结论。第三，在讨论工作—家庭冲突与离职的关系的时候，尝试对冲突的程度进行量化，试图找到离职意愿向离职行为转变的冲突临界点（阈值），为企业进行积极干预从而阻止离职意愿向离职行为转化提供依据。

尽管我们在撰写本书的过程中尽量严谨，但仍然难免不足，恳请专家、读者批评指正。

本书的出版得到了西南科技大学院士工作站和西南科技大学学科建设处的资助，对此表示衷心感谢。感谢李鸿廷同学在资料收集和文字校正方面做的工作。同时，还要感谢参考文献中列出的学者，他们的前期成果为本书的撰写奠定了基础。

著者

2023 年 8 月

目　录

第一章　员工离职与离职管理概述

一、离职相关概念

离职作为一种社会现象，古已有之，只是说法不一样而已。比较常见的说法有请辞、离任、辞官、告老还乡等，比较雅致、含蓄的说法有致仕、解印、解佩、隐退等。在古代，离职主要是指官员或公职人员离开官职或公职的一种行为。到了现代，与离职相近的概念有很多，比如辞职、退休、离休、免职、罢免、开除、除名、跳槽、炒鱿鱼、走人等。无论是古代还是现代，离职通常都有两种情况：一种是自己主动离开职位，另一种是被动离开职位。

本书所研究的离职，不涉及公职人员，而是专门指企业员工离开当前的雇佣企业的一种行为。

关于离职的概念，有广义和狭义之分。从广义上来说，离职是指人员的流动，包括人员在组织中的流出与流入、升职、降级、调离原岗位等；而狭义的离职则主要指的是雇主与雇员终止劳动关系的行为。

员工在产生离职行为之前，会先产生离职意愿（通常也称为离职倾向）。离职意愿的概念最早是由外国学者 Porter 和 Steers 于 1973 年提出的，他们认为离职意愿是员工的不满意情绪产生后伴随的心理活动。综合国内外学者的研究，我们将离职意愿定义为员工在企业工作一段时间后，出于多方面考虑而产生的想要离开的想法。但此时员工并未和企业签订正式的离职协议。若员工终止与企业的劳动合同，不再以组织成员的身份参与组织的活动，则是产生了离职行为。离职行为发生之前通常会产生离职意愿，但离职意愿不一定会转化为离职行为。如果是被动离职，员工不一定有离职意愿，但企业会有迫使员工离职的意愿。员工离职是员工流动的一种重要方式，员工流动对企业人力资源的合理配置具有重要作用，但过高的员工离职率也会影响企业的持续健康发展。

二、离职的类型

从行为学的角度来探讨，我们一般依据离职行为的主体情况将离职分为主动离职和被动离职。主动离职是指员工认为自己不适合现在的企业，已经找到了、正在找或想找一个更适合自己的企业而主动提出与原企业终止劳动关系。主动离职的决策是由员工本人做出的。被动离职是指企业认为员工不适合企业的发展时做出的辞退员工的行为。被动离职的决策是由企业做出的，包括解雇、裁员、开除等形式。有学者认为退休和离休属于主动离职，也有学者认为退休和离休是被动离职。事实上，退休和离休针对不同的行为主体，很难被绝对地划分在哪一类型之中，既可以是主动离职，也可以是被动离职。

从我国劳动法的角度看，员工离职有三种类型。第一种是自请辞职，由员工主动提出，员工提前30日以书面形式通知用人企业，与用人企业协商一致，解除劳动合同。第二种是解雇离职，是由于员工违反劳动法的有关规定，用人企业依法按照一定程序单方面解除劳动合同。第三种是符合劳动合同终止情形的离职，是指《中华人民共和国劳动合同法》第四十四条规定的六种情况的离职，比如劳动合同期满、劳动者被人民法院宣告死亡或者宣告失踪、用人企业被依法宣告破产等。

三、离职的测度：离职率

任何企业都可能有员工离职。企业在人力资源管理实践中，需要对员工离职的情况进行测度，并以此判断人力资源稳定情况。通常用离职率来测度员工的流动情况或离职情况。

离职率（dimission rate）是衡量一个组织内部员工流动状况的重要指标。学界对于企业正常的离职率应该为多少没有一个定论，亚太人力资源协会的统计分析认为离职率在10%~15%属于正常情况。离职率超过18%，通常表明企业的凝聚力下降，企业处于动荡之中，劳资关系存在较严重的矛盾，员工流失的风险较大，其结果可能是人力资源直接成本或间接成本增加，企业的效率下降。离职率低于8%（有的垄断性企业的离职率甚至低于2%），通常表明企业人力资源竞争力较弱，不存在优胜劣汰的竞争机制，企业缺乏活力和创新意识。

离职率是指一定时期（通常是年、季或月）内离职员工人数与同期员工总数之比，用公式表示为

离职率=（当期离职员工数/当期员工总数）×100%

式中，当期离职员工数是指从期初到期末离职的员工总数，很容易确定。但是，对式中分母当期员工总数的理解，学界却存在分歧。有两种主要观点。

一种观点认为，当期员工总数用期初数与期末数的平均数来表示，即当期员工总数=（期初员工数+期末员工数）/2。按照这种观点，离职率的计算公式为

离职率=当期离职员工数/［（期初员工数+期末员工数）/2］×100%

按照这个公式计算的离职率有可能大于100%，说明该时期员工流动频率很高，离职员工总数已超过员工总数，但并不代表全部员工离职。

另一种观点认为，当期员工总数应该是累计在册人数即当期曾经在册的员工的总数，它等于期初员工数量加上当期新进员工数量，也等于期末员工数量与当期离职员工数量之和。用公式表示为

离职率=［当期离职员工数/（期初员工数+当期新进员工数）］×100%

=［当期离职员工数/（期末员工数+当期离职员工数）］×100%

按照这个公式计算的离职率小于100%，被认为更科学一些，也被更多的人理解和接受。

为了从多个角度来分析和讨论员工的离职情况，学者们提出了“三维离职率”的概念，即从三个维度来计算离职率，然后对员工离职情况进行多维度分析，找出企业在人力资源管理中存在的问题，从而找到针对性的改进策略。三维离职率是指企业的综合离职率、新员工离职率和老员工离职率。综合离职率是指在一定时期内离职员工的数量占总员工的比率，也就是前述第二种观点的离职率；新员工离职率是指一定时期内离职的新员

工数量占所有新员工的比率；老员工离职率是指一定时期内离职的老员工数量占所有老员工的比率。其计算公式分别为

综合离职率 =［当期离职员工总数/（期初员工数+当期新进员工总数）］×100%

=［当期离职员工数/（期末员工数+当期离职员工数）］×100%

新员工离职率=［当期新员工离职总数/（期初新员工数+当期新进员工总数）］×100%

老员工离职率=［当期离职老员工总数/（期初老员工数+当期新进老员工总数）］×100%

=［当期离职老员工总数/（期末老员工数+老员工离职数）］×100%

需要特别说明的是，国家和学界对新员工、老员工并没有一个统一的界定标准，有的企业以在职半年为标准，也有企业以在职一年或两年为标准，即在本企业工作半年、一年或两年以内的员工为新员工，在本企业工作超过半年、一年或两年的员工为老员工。在进行计算时，各个企业可以根据实际情况来界定。

四、离职的影响因素

影响员工离职的因素很多，分类方式也有很多种，这里我们将其分为个人因素、企业因素和社会因素。

（一）个人因素

个人因素是最常影响员工离职的原因之一，主要是人口统计学变量与员工心理因素。人口统计学变量主要包含性别与年龄、婚姻与家庭状况、受教育程度与任职时间等。

1. 性别与年龄

员工离职与性别没有非常直接的关系，具体应根据员工所从事的工作、所属行业等因素进行分析。女性员工有可能因怀孕、生育、哺乳等影响职级晋升，进而导致女性员工离职率高于男性员工。通常来说，员工的

年龄与离职率呈负相关关系，即员工的年龄越高，离职率越低。青年员工由于自身优势，拥有更为广阔的职业选择空间，所以他们在实际工作当中更加看重挑战与激励，在工作中往往急于证明自己，追求职业成就感。如果企业不能满足其这方面的需求，那么青年员工就可能会觉得自己的才华无处施展，进而离职寻找更能实现自己职业追求的工作，这是导致青年员工离职的重要因素。

2. 婚姻与家庭状况

员工的婚姻状况与离职有很大关系。相关研究表明，未婚未育的员工离职率高于已婚已育的员工。已婚已育的员工更看重工作的稳定性以维持家庭正常生活，且员工配偶的意见和态度对员工离职也有一定的影响。如今，企业大多面向全国各大院校招录优秀毕业生，引进的人员亦来自全国各地，地域差异、文化差异、饮食及气候差异都可能导致员工身体和心理的不适应。同时，背井离乡也会导致部分员工与伴侣、父母分居两地，考虑到将来家庭的和谐稳定以及赡养父母的问题，很多人会选择离职回到家乡或者家乡附近的城市就业。

3. 受教育程度与任职时间

通常来讲，受教育程度较低的员工的离职率会高于受教育程度较高的员工。受教育程度较低的员工刚投入工作时，供其选择的岗位有限，他们往往会选择先就业再择业。随着时间的推移和工作经验的积累，他们有机会获得其他工作机会从而离职。从任职时间来看，刚刚入职的员工具有很大的不确定性，工作对他们产生的心理影响较大。究其原因，新员工在正式入职前会有较好的心理预期，但进入企业后可能会觉得现实的企业与自己的理想并不匹配，或者待遇条件与人力资源部门承诺的情况不一致。这将导致新员工产生较大的心理落差，无法适应新的工作环境。有研究表明，任职时间少于 3 年的离职员工数约占离职总人数的 70%。多家企业 2016—2019 年的统计调查数据表明，任职时间少于 6 个月的员工的离职率较高，任职时间为 1～3 年的员工的离职率位列第二。任职时间越长的员工，离职率越低。

（二）企业因素

影响员工离职最直接的因素就是企业因素，具体包含企业文化、企业变革、企业管理体系、工作本身的因素。

1. 企业文化

企业文化是企业成员共有的哲学、意识形态、价值观、信仰、假定、期望态度和道德规范（Hellreigel D，et al.，1992）。企业文化是企业的灵魂，也是推动企业不断发展的动力。企业文化缺失、企业文化不当等，都对员工的行为有潜移默化的影响。如果企业文化得到了员工的认同，那么企业的员工离职率可能会比较低。相反，如果企业文化不被员工认同，则企业的员工离职率可能会比较高。

2. 企业变革

企业变革影响员工离职的因素包括企业规模调整、企业转型等。比如，企业要缩减规模，可能会裁员；企业要实现战略转型，一部分员工可能不适应新的岗位要求；等等。当前时期，各行业飞速发展，企业往往会通过变革来维持其在市场竞争中的优势，而变革存在着不确定性，可能使主动离职和被动离职的员工人数增加，导致员工离职率提高。

3. 企业管理体系

企业管理体系包括企业的战略目标、经营理念、组织架构、权责分配、工作流程与制度规范等。企业管理制度、运作方式等会影响员工的离职。企业管理的水平与员工离职率呈负相关关系，即企业管理体系越科学、完善，员工的离职率越低；相反，离职率会较高。

4. 工作本身的因素

工作本身的因素对员工的离职有着最直接的影响，包括薪酬水平、工作时间、工作内容、工作强度、工作环境等。特别要强调的是薪酬水平对员工离职的影响——如果付出了劳动，但收入仍然不能维持正常的生活水平，员工自然会选择离职。员工对薪酬不满意的主要原因有三个方面：一是薪酬水平低于期待值，二是薪酬低于本公司同等职位的其他员工或者低于行业平均水平，三是明显感觉到薪酬不公平。

（三）社会因素

1. 社会经济因素

企业和员工都存在于社会中，社会经济环境大背景的影响渗透到了每一个地方。社会经济发展状况对员工的就业影响最直接，反映劳动力就业概况的指标——失业率是影响员工离职的重要社会经济因素。有研究表明，失业率与离职率呈负相关关系，即失业率越高，员工离职率越低。当出现经济危机时，失业率较高，就业难度较大，能拥有一份工作已经难能可贵，这时候员工基本不会主动离职。

2. 求职高峰期

越是在企业需要更多人力资源的时候，企业本身的优秀员工越有可能不断流出。于是，企业的人力资源工作者们往往一边不断引进新的员工，一边为离职员工办理离职手续。这种新员工蜂拥而至与企业内部老员工不断离职的现象正是求职高峰期的特点。每年的春节后和6、7月份都是求职高峰期，很多企业都会在此期间提供大量工作岗位，引入大量人才，此时优秀员工的缺口增大，求职者更能找到合适的工作。这就导致早就产生离职意愿的员工或摇摆不定的员工发生离职行为。

3. 猎头公司挖墙脚

猎头公司会将目光瞄准企业的优秀员工，并与之取得联系，表达对该员工的认可和欣赏，同时告知有一个更适合他的岗位正在虚位以待。面对猎头公司的游说和可能更合适的岗位的诱惑，员工可能会选择从现企业离职。

五、离职对企业的影响

员工离职会对企业造成很大的影响。优秀的、核心的员工离职是企业的一大损失，而一般员工离职对企业的影响较小。而员工被动离职是企业有目标、有针对性的调整的结果。员工离职对企业造成的损失分为有形损失和无形损失两种：有形损失包括人工成本的消耗、岗位人才的流失、技术技能的损失等，无形损失包括企业凝聚力的下降、员工工作效率的降低等。

（一）有形损失

1. 人工成本的消耗

企业针对岗位进行招聘，需要制订相应的需求计划，拟订细致的招聘方案，并由专门负责招聘的人员进行招聘，这些都需要消耗人力、物力、财力，产生一定的成本；员工入职后，企业可能会统一进行企业文化及入职方面的各种培训，后续相应的教育培训也会产生一定的成本。员工一旦离职，这些成本是无法收回的，将造成人工成本的损失。

2. 岗位人才的流失

员工对于企业来说是一种宝贵的人才资源，是企业从事生产经营活动的基础，是企业长远发展的依托，是企业核心竞争力的重要组成部分。员工的主动离职对企业最直接的影响就是特定岗位人才的流失，尤其是一些优秀人才的流失而导致岗位空缺，影响生产。

3. 技术技能的损失

企业培养出的高级技术、技能人才多数都在重要或关键岗位。他们主动离职时除了带走自身技术、技能，也会带走企业的一些关键技术，对企业来说是一种无法估量的损失。

（二）无形损失

1. 企业凝聚力的下降

企业一旦发生员工离职的情况，尤其是关键岗位员工或高级管理人员离职，将对未离职员工尤其是与离职员工关系较亲密的员工产生一定的负面心理影响，会破坏企业内组织的良好氛围，从而影响企业的凝聚力和向心力。

2. 员工工作效率的降低

看到与自己关系亲密的员工离职，会对未离职员工产生负面影响。特别是当在职员工看到离职员工得到了更好的福利待遇或发展机遇时，难免会不安心于现有的工作岗位；而思想出现波动，必将影响员工的工作状态，导致员工工作效率降低。

六、员工离职管理

（一）离职前管理

员工从产生离职意愿到产生离职行为，中间还有一段时间。在此期间，员工因为对现在工作的不满意而出现消极怠工、情绪波动等情况，此时人力资源部门可会同业务主管与员工本人和其同事谈话，了解其突然发生变化的原因，通过沟通交流和适当的岗位调整、薪酬调整等措施防止员工的离职意愿转化为离职行为，从而降低企业人才流失的概率。

（二）离职中管理

对于提出离职申请的员工，企业人力资源部门首先应与用人部门沟通，了解员工离职可能的原因及用人部门对拟离职员工去留的建议及可能对工作造成的影响，然后通过与拟离职员工关系密切的员工了解其基本情况。之后企业人力资源部门与拟离职员工进行面谈，了解其离职的真正原因、对企业的建议等。企业人力资源部门通过沟通，有针对性地做一些去留的协调工作，既可以找到员工离职的原因，反思企业管理中存在的问题，又可以达到离职面谈的其他目的。

（三）离职后管理

对于已经从企业离职的员工，延续管理常用的方法有定期沟通法、定期会议法、定期报告法等。

定期沟通法是指企业人力资源部门与离职员工在特定时间（通常是员工离开工作岗位时或每隔一个月、两个月、半年等）进行沟通。企业人力资源部门通过沟通了解已离职员工现阶段的工作状态，看其是否想回归，为其提供职业发展建议，邀请其参加本企业举办的会议、聚会等，与其建立友善的长期关系，树立并维护企业良好的形象，尽可能扩展企业的业务合作范围。

定期会议法是指企业通过定期会议的形式邀请已离职员工参加会议，对其进行延续管理，以巧妙掌握其离职后的动向。

定期报告法是指企业人力资源部门以定期报告的形式将已离职员工的延续管理事宜上报给企业高层管理人员。采用定期报告法，一是可以及时总结各阶段员工离职的主要原因和次要原因，便于企业改善经营与管理，增强员工对企业的向心力；二是可以分阶段说明不同状态及不同时间段内企业各岗位的离职情况，便于人力资源部门做好纵向和横向分析；三是可以对各部门及各岗位的离职状况有更清晰的了解，从而完善相关的管理政策及措施，将员工离职率控制在合理的水平。

第二章 员工离职管理及相关因素的文献梳理

一、离职相关研究

（一）离职的定义

员工离职（employee turnover）广义上指的是员工改变其作为组织成员的状态，狭义上是指个体作为组织成员状态的终止。前者强调员工状态的改变，也就是说当员工在组织发生职位变化时就会被认为是离职。而后者强调员工状态的终止，即当员工不再以组织成员的身份参与组织活动时，即可认为员工作为组织成员的状态终止，也就是该员工已经离职。基于离职这一概念的上述定义，通常将离职意愿定义为员工产生想要离开组织的想法，此时员工还处于未与组织签订离职协议的状态；而离职行为指的是员工与组织终止劳动合同的行为，此时员工不再以组织成员身份参与组织的活动。

（二）离职的测量

在对离职问题进行研究时，由于学者对“离职”这一概念的定义不同，可能会在研究过程中采取不同的方式对离职进行测量。在对离职问题进行实证研究时，学者大多测量的是离职倾向或离职意愿。Porter 和 Steers 是最早进行离职相关研究的学者，他们在 1973 年的研究中首次将离职意愿（turnover intention）定义为员工在工作过程中产生不满意情绪后紧跟的下一个心理状态。国内学者在研究离职相关问题时多采用离职量表来测量被调查者的离职意愿，通过分析研究各因素与离职意愿间的关系来探索员工离职的过程机制。

（三）离职的国内外研究现状

国外学者对离职的研究经历了漫长的过程。早期研究多从员工个体视角出发建立离职理论模型。如早在 1994 年，Lee 和 Mitchell 就在研究员工离职相关问题时以映像理论为基础，建立员工离职展开模型。在研究中他们发现，“震撼事件”可以直接导致员工产生离职意愿甚至离职，进而提出“导致离职的一些决策实际上和工作满意度无关”这一经典结论。该结论为其他学者的研究奠定了理论基础，直至 2017 年，仍有中国学者将“震撼事件”这一概念纳入员工离职影响机制的研究。Mitchell（1994）等学者是最早在员工离职展开模型的基础上加入“工作嵌入”概念的研究者，他们从工作内外两个角度来考虑影响员工离职的原因。Hom（2017）将离职的原因分为远端前因和近端前因两类，将员工离职看成一系列的演变过程而非一个简单的行为决策，并在此基础上提出“近端退出”概念。他将员工的离职意愿看作产生离职行为的近端前因，并将员工离职和留职类型（主动和被动）结合起来，通过员工在离职前端产生的四种不同的状态，更精确地对员工离职和退缩行为进行预判，帮助企业及时了解员工离职意向。随着对离职问题在员工个体层面的不断深入研究，学者们开始将研究范围逐步从个体离职理论扩展到群体离职。比较经典的研究成果包括：1986 年 Krackhardt 等学者提出的离职的滚雪球效应、2008 年 Bartunek 等学者提出的群体离职过程模型、2009 年 Felps 等学者提出的离职传染效应及 2013 年 Nyberg 等学者提出的情景涌现离职理论等。对离职行为的研究也逐渐从孤立的离职行为转到对系统的离职事件的研究，已有学者开始从离职事件视角对离职这一问题展开更为系统的研究与分析。比如 Hale 等（2016）提出离职事件二阶段纵向模型，Wang 等（2016）借鉴事件链的形式构建起群体离职影响后果模型。总的来说，国外的离职研究经历了较长时间的发展，综合多学科背景积累了丰富的学术成果，为后续研究提供了坚实的理论基础。

国内有关员工离职的研究大多是在国外已经发展成熟的相关理论基础上探讨中国情境下各变量与离职意愿之间的联系。赵勇（2011）通过研究建立起结构化工作满意度与离职倾向的关系模型，通过该模型进一步探索，发现薪酬满意度可对员工离职倾向产生最为显著的影响，发展满意度产生的影响次之，影响程度最小的是上司满意度。袁庆宏等（2014）学者通过实证研究，验证组织认同能够在员工职业成长与离职意愿的相互影响关系中起到显著的调节作用。与此同时，组织认同与专业认同的交互在员工职业成长与离职意愿之间的影响关系中也起到显著的调节作用，这说明在较低的组织认同、较高的专业认同情境下，职业成长将对员工个体离职意愿的产生有着较强的影响。邓宏斌等（2013）学者在进行离职相关研究时将员工产生离职意向、离职的整个过程和离职之后的这三个时期统称为后劳动关系阶段，通过案例分析证实员工与组织之间的"强/弱关系"是普遍存在的，在对离职员工进行管理的时候，应根据实际情况因势利导，利用"强/弱关系"的调动体现企业的人性化管理，优化企业管理策略。贾冀南等（2017）学者基于后劳动关系理论指出企业应该在了解员工个性特点、企业人才需求的基础上，把握每个阶段员工的偏好需求，充分利用"强/弱关系"结合修复和疏导的方式来提高员工离职管理的有效性。徐凤辉等学者以经济学分析为框架，利用 Probit 模型实证研究了中国企业员工离职的影响因素，发现中国企业员工的离职率与离职成本、获得新工作的机会、接受新工作的能力等诸多因素显著相关。马丽等（2016）学者在进行离职相关研究的过程中将工作嵌入引入离职模型，发现组织嵌入在工作场所乐趣和员工离职的影响关系中起到显著的中介作用。缴旭（2017）通过实证研究构建并验证离职倾向形成机理多路径模型，通过对该模型的验证揭示了在员工离职过程中态度类变量和工作嵌入变量对离职意愿复杂的、多路径的影响机理。

国内有关员工离职的研究还逐步细化到了不同行业、特征的群体。蓝媛美（2019）通过实证分析，证实了职场孤独感在特殊教育教师群体中的组织氛围与离职意向之间发挥部分中介作用。随着对离职相关问题的深入研究，学者们也将研究对象逐渐细分，以求探索在离职这一问题上不同群体的差异。王雪（2017）将研究对象设定为新媒体企业的知识型员工，采用案例研究与实证研究相结合的方法探讨离职对策在新媒体企业中的实际应用效果以及对该企业中知识型员工产生的影响。罗昆（2019）利用国有上市公司数据样本分析验证了政治晋升有助于抑制 CEO 主动离职行为。张双鹏（2019）通过对离职潮出现时期的上市公司高管进行的调查分析，从人力资本角度分析证实了通用性人力资本属性较高的高管离职受限较小。

田雅琳（2019）根据导游行业的特殊性，引入顾客苛责水平这一变量，通过收集大量样本数据，采用 bootstrap 方法分析证实员工的情绪会显著影响离职倾向。尤亮（2023）在对过度教育与劳动者离职意向的研究中发现，过度教育会通过降低工作满意度和工作安全感来增强劳动者的离职倾向，过度教育不会增加劳动者的在职培训机会和外部雇佣机会感知，它在劳动者职业发展中更可能是“绊脚石”而不是“垫脚石”。李青（2023）结合疫情防控背景，深入研究员工离职倾向的特征，认为社会工作者的职业倦怠水平和离职意向偏高、职业自我关怀水平偏低，应重视职业自我关怀的保护性作用。朱征（2021）基于自我和关系的视角，研究认为员工基于组织的自尊和对领导的情感承诺在领导感激表达和员工离职意愿之间发挥中介作用，员工权力距离削弱了领导感激表达通过员工基于组织的自尊和情感承诺对离职意愿产生的负向影响。研究结果凸显了领导感激表达在解决员工离职问题方面的价值，为理解领导感激表达对员工离职意愿产生影响的具体机制提供了全面的理论视角，建议组织和管理者将领导感激表达作为降低员工离职意愿的重要手段。王晔安（2021）从职业支持的角度出发，基于社会认同理论，重建了职业认同的核心属性与测量工具，证明新发现的职业支持维度对离职倾向具有显著影响。职业支持新维度的揭示丰富了职业认同的内涵。李正东（2021）基于自我效能感的视角，研究发现挑战性压力与离职倾向显著负相关，与自我效能感显著正相关，而阻碍性压力的作用效果则与之相反；在挑战性压力和阻碍性压力对员工离职倾向的作用过程中，自我效能感均发挥了中介作用，并且社会支持还调节了自我效能感在工作压力与离职倾向之间的关系，即提升自我效能感和加强社会支持是干预员工离职倾向的有效手段。朱飞（2021）的研究证实了组织职业生涯管理与人力资源管理强度的一致性可以正向影响员工职业满意度，进而减少员工离职倾向。在此影响过程中，雇主品牌功能性因素（而非象征性因素）发挥了负向调节作用；在组织职业生涯管理与人力资源管理强度一致性对员工离职倾向的影响过程中，人力资源管理强度（而非组织职业生涯管理）是关键解释变量。季浩（2022）基于身份边界理论，提出职业污名会通过牵连家人这一机制影响从业者的离职倾向：当个体的家庭卷入水平较高时，这一中介作用较强；当家庭卷入水平较低时，该中介作用较弱。刘莉（2022）引入契约参照点理论，发现高管主动离职对企业绩效产生了负向影响，薪酬契约参照点正向调节了高管主动离职与企业绩效的关系，且外部薪酬契约参照点的调节作用更显著；并发现高管主动离职对企业绩效的负向影响以及薪酬契约参照点的调节作用在民营企业中更显著。魏巍（2022）结合数字化情景对职业污名感知影响数字零工离职倾向的机制进行了实证检验，认为平台算法下以体力劳动为主的数字零工的职业污名感会显著增加其离职倾向，相对剥夺感在两者间起部分中介作用，程序公平感会负向调节数字零工的职业污名感对其相对剥夺感的促进作用。李亚伯（2021）基于工作要求—资源理论和资源保存理论，从质量型工作不安全感视角重新识别了工作资源影响新生代员工离职倾向的中介机制，并发现工作资源与离职倾向的关系中存在调节边界，认为社会阶层在工作资源与离职倾向间有调节效应。

近年来，受新型冠状病毒感染疫情影响，经济压力激增，各行各业都在降本增效，员工不稳定性加剧，对各行业的离职研究也更加深入。在教育行业，李龙娟（2023）认为职业召唤可降低高校青年教师离职倾向，建议高校注重激发教师情感承诺、规范承诺和继续承诺的三维发展动力，重视工具性组织支持，强调健全高校的公平性程序。尚元东（2023）在对乡村教师的离职倾向的研究中指出，工作压力、绩效满意度、组织支持均对教师离职意愿有显著影响，提倡将“双减”拓展到乡村教师范畴，减少其工作压力，为稳定发展乡村教师队伍提供理论基础。谢庆斌（2023）在对幼儿教师离职倾向的研究中指出，幼儿教师的情绪耗竭和职业幸福感在情绪劳动和离职倾向中起中介作用。为降低幼儿教师离职倾向，幼儿园应做好以下工作：充分保障工作资源，支持教师生存发展；鼓励教师表达自身感受，引导教师进行情绪劳动的同时注重自身情绪内化过程；及时提供情绪疏导，提升教师幸福体验。骆四铭（2023）在对特教岗教师的离职影响因素的调查中发现，要关心特岗教师婚恋问题，提升其归属感，加强人文关怀，满足其作为“社会人”的需求，大力实施乡村振兴战略，落实“城乡轮岗”式观摩学习和实效培训，促进教师专业化发展，提高其福利待遇，降低其离职倾向。孙冉（2023）结合深度贫困乡村地区的特征，聚焦特岗教师离职意愿问题，提出学生不良行为（工作需求）会显著降低新教师的留任意愿，更可能增加其离职意愿；繁重的工作负担（工作需求）会显著降低新教师的留任意愿，更可能增加其离职意愿；符合心理预期且兼具行业外部竞争力的工资薪酬（货币性工作资源）和良好的学校文化（非货币性工作资源）会显著提高其留任意愿，降低其离职意愿，且非货币性工作资源在降低其离职倾向上的效果更明显。李东斌（2021）认为乡村教师是发展更加公平、更有质量的乡村教育的基础支撑，探讨了乡村教师职业认同对其离职倾向的影响，以及社会支持和职业使命感在其间的链式中介作用。在医护行业，姜茹鑫（2023）认为护士出勤主义行为[①]较为普遍且与其心理健康状态、离职意愿呈正相关，性别、子女情况、职称、收入满意度、每月夜班频次是其影响因素。谌一凡（2023）对男护士的离职情况做了调查分析，认为男护士的职业认同感、离职意愿均处于中等水平，医院管理者应帮助男护士建立清晰的职业规划，以提高其职业认同感，降低其离职意愿，稳定医院男护士队伍，促进我国护理事业的高质量稳步发展。唐咏（2023）认为职业紧张中的付出—回报失衡和超负荷均对离职倾向有显著影响，且付出—回报失衡比超负荷的作用更显著；组织支持在职业紧张与离职意愿之间存在部分中介作用，可以通过明确考核指标和提升组织支持感来解决医务工作者的离职倾向问题。李月星（2023）聚焦于会计师事务所的员工工作满意度对离职倾向的负向影响。曾守锤（2023）认为尽管行业外有离职意愿的社会工作者在人力资源状况上并不显著优于行业内有离职意愿的社会工作者，但行业外有离职意愿的社会工作者比行业内有离职意愿的社会工作者对当前职业和工作的态度或感受更消极，且家人对其社会工作者职业的态度更消极，此职业对家庭的影响也更消极。这一结果表明，行业内外有离职意愿的社会工作者并非两个相似（同质）的群体。Logistic 回归分析的结果表明，社会工作者是否为家庭经济支柱、家人对社会工作者从事该职业的态度、职业认同对行业内外有离职意愿的社会工作者具有重要的影响。赵君（2023）基于工作要求—资源模型对公务员团队离职情况做了分析研究，其结论是当领导岗位流动和领导支持均处于高水平时，公务员的职业压力与离职意愿之间的关系最弱。

随着研究的深入，多学科视角下的离职研究有了许多创新。李朋波（2023）基于社会交换理论并以心理契约为视角，探究了不合规任务对员工离职倾向的影响机制，认为不合规任务会激发员工的离职行为，公正敏感型和威权型领导会强化员工对不合规任务的感知。王淑红（2023）基于人—环境匹配理论，认为实际私密性与期望私密性的匹配状态会影响情绪耗竭，进而影响员工的离职意愿，实际私密性与期望私密性之间不同的匹

---

① 指个体感知到自身心理或生理不适合工作，却出于个人或组织的原因仍然参与工作的现象。

配状态会对员工产生不同的影响。郑志刚（2021）认为双重股权结构有助于降低高管非正常离职概率，并促使企业创始人担任 CEO，从而激励人力资本的持续稳定投入，促进企业创新能力的提升。王俊（2021）基于经济集聚的技能匹配效应视角剖析了大城市工资溢价的微观形成机制，认为经济集聚度高以及匹配效率高的直辖市和特大城市具有更加显著的工资溢价；在同等级别城市中，高技能劳动力相对于低技能劳动力具有更高的工资溢价，而且在异质性城市和异质性劳动力中经济集聚影响工资水平都是存在的，这些对员工离职意愿都会有一定影响。

二、新生代员工离职相关研究

（一）新生代员工的定义与特征

“新生代”是一个新生词汇。在我国，“新生代”这一群体一般被定义为 1980 年及之后出生的这批年轻人①。与大部分“80 前”的员工相比，新生代员工所处的环境更为富足，他们拥有更加丰富的信息和学习资源。周石（2009）认为“80 后”“90 后”员工所处的时代促使他们在职业价值及选择观念上有许多新特点，这些特点主要表现为职业理想兴趣化、多元化，看重职业规划，喜欢宽松和谐的职场氛围等。

（二）新生代员工的离职问题

对工作有着多样化要求的新生代员工似乎与传统的企业管理模式正处在紧张的磨合期。前程无忧发布的《2022 新生代员工职场现状调研报告》显示，不同年代员工第一份工作的时长差异明显。“90 后”的第一份工作平均为 19 个月，“95 后”则缩减为 7 个月。根据报告的统计结果，在入职一年的新生代员工中，超过六成的员工已拥有了两次以上的工作经历。张持（2017）在对我国新生代员工职业特性的研究中指出，我国新生代员工具有以下特质：张扬与自我、合作意识弱、频繁跳槽与职业发展意识强的

① 2010 年中央 1 号文件（《中共中央、国务院关于加大统筹城乡发展力度 进一步夯实农业农村发展基础的若干意见》）首次使用“新生代农民工”概念，此后一段时间，各个地方制定关于新生代农民工的政策的时候，基本是以 1980 年出生为起点。

矛盾并存，这也说明新生代员工居高不下的离职率是有因可循的。

在上述背景下，新生代员工成为近年来企业管理领域内学者的热点研究对象。孙佳晶（2016）认为新生代员工处于独生子女政策推行、互联网技术飞速发展的环境中，家庭和社会环境对其影响日益加深，新生代员工对工作内容和环境的要求也逐渐提高，迫切希望得到重用以展示自我价值；若自我价值无法得到实现，就会产生离职的想法甚至出现离职行为。徐自强（2016）在对新生代员工进行离职意愿产生原理的研究过程中，将整体心理契约破裂细分为规范型、人际型、发展型三个维度，证实心理契约破裂能够显著负向影响组织认同，同时与员工的离职意愿呈现显著正向影响关系，而组织认同能够有效削弱员工的离职意愿。张文婷（2016）通过实证分析方法，验证了新生代员工的内、外控人格对员工工作满意度和离职意愿之间的关系存在有效调节。秦瑶（2017）探究了新生代员工职业成长对其离职倾向的影响机制，并引入领导—成员交换作为调节变量，通过对在银行业就职的 214 名新生代员工的数据进行实证分析，最终验证了领导—成员交换可以正向调节员工职业成长与离职倾向的关系。张莹（2018）以新生代员工为研究对象构建起新生代员工职业高原、职业倦怠、离职意愿三个变量之间的理论关系模型，通过实证研究明确职业高原的层级、内容维度，通过进一步的分析证实新生代员工群体职业高原的层级高原与内容高原两个维度均与职业倦怠、离职意愿显著相关。杜鹏程（2019）研究证实新生代员工群体中的工作嵌入在差错反感文化对离职意愿的影响过程中起到中介作用，而任务复杂性在这一影响过程中起到调节作用。王潇（2019）认为新生代员工在从事具有对抗性竞争性的工作时极可能会认为自己的知识水平、专业素质和能力等方面存在被质疑的风险，这也是他们具有极强竞争意识和成就动机的原因之一。在早期的研究中，学者们的研究重点多集中于新生代员工的离职产生机制。经过长期探索与研究的经验积累，学者们的研究重点逐步转向能够有效促使新生代员工“留职”的因素与措施。李珲（2019）通过实证研究证实资质过剩对新生代员工创新绩效存在正向影响，并在这一基础上提出企业应该注重满足新生代员工工作生活的平衡需求，以促使他们创造更高的绩效。王苗苗（2019）认为新生代员工对领导类型有着明显的偏好，他们更愿意与具备自我意识、内化道德、平衡加工与关系透明等特质的真实型领导相处，并认为这种类型的领导更能激发他们的创新行为。李广平（2022）以相对剥夺理论、人—岗匹配理论等为基础，对资质过剩感与创新行为之间的关系进行实证分析，认为资质过剩感对“90后”新生代员工的创新行为有显著负向影响，离职倾向及工作嵌入在其中起到了链式中介作用。

三、离职的相关因素研究

（一）工作嵌入与离职

1. 工作嵌入的定义

“嵌入”这一概念的提出最早可追溯至1957年，这一概念当时被匈牙利政治经济学家波兰尼用来描述社会经济体与社会关系、制度之间的状态与关系。这一概念最早于2001年由美国心理学家Mitchell和Lee引入人文社科类的研究。他们提出“工作嵌入”的概念，认为工作嵌入是指“阻止员工个体离开企业组织的各种力量的统称”，它涵盖情感和非情感因素、工作内和工作外因素。

本书的工作嵌入可分为组织嵌入与区域嵌入两个维度，表示员工个人与公司组织、工作及生活区域的联系紧密程度，其中组织嵌入包括组织联系、组织牺牲、组织匹配三个维度。组织联系是指员工个体与企业组织之间联系的紧密程度，包括了各种正式的与非正式的联系，企业可以通过组织团体活动等方式影响组织联系，从而干预员工组织嵌入程度。组织牺牲指的是当员工个体选择离职后需要承担的物质和心理上的损失，也可以看作衡量员工离职成本的一个维度，它与企业提供的福利待遇、社会地位等内容相关。组织匹配指的是员工与组织的匹配程度，它包括员工个人与组织内部的价值观等方面的契合程度。匹配程度越高，表明员工在组织中的嵌入程度越深。在区域嵌入方面也包含区域联系、区域牺牲、区域匹配三个维度。区域联系主要指员工个体在其所在城市与家人、亲属的联系紧密程度，员工所在城市有较多亲属关系即为存在程度较深的区域联系。区域牺牲主要指员工离开所在城市将要付出的物质和心理上的成本，包括在原有城市已经积累形成的社会关系。区域匹配指的是员工对所在城市的匹配感知程度，包括对当地生活节奏、风土人情的熟悉与喜爱度。

本书认为工作嵌入的组织联系是企业可以通过组织各类正式与非正式的活动来进行干预的，嵌入干预可以影响员工与组织的嵌入关系，且该嵌入干预是可以通过员工的评价反馈来进行效果评估的。因此我们将企业对员工的嵌入干预进行了满意度评价，这里的嵌入干预指的是企业想要影响员工的工作嵌入感知、加强员工与组织之间的联系时采取的系列措施，包括组织各类活动，如正式的企业文化培训、团建活动等统一安排的组织团体活动，以及由部门内部人员组织的非正式的部门聚餐等工作时间之外的私下联系等。嵌入满意度用来衡量员工个人对上述正式与非正式活动的满意度，包含对嵌入活动的时间、频率、形式，交往的同事以及嵌入效果的满意度评价，以及嵌入干预造成的时间损失，放弃原有计划的负面影响评价。与此同时，为进一步探究嵌入干预的影响，我们引入“参与自由度”这一概念，该概念只用于评价企业在对员工进行嵌入干预前给予员工的自由选择权的大小。

2. 工作嵌入的测量

现有的工作嵌入测量量表有两种，一种是 Mitchell 在 2001 年发布的组合量表，另一种是 Crossley 于 2007 年开发的整体量表。组合量表是在欧美文化背景下，从构念结构上分维度设置问题、进行测量，最后将因子值整合成整体构念值。整体量表则是从“工作嵌入”这个整体概念层面出发，直接对这个概念进行测量。国内学界在对工作嵌入进行研究的初期，大多是将国外的成熟量表直接翻译成中文再发放给被调查对象。但由于中外文化差异，组合量表的维度设置以及问题描述并不适应中国情境，促使国内学者开始进行中国情境下的工作嵌入量表开发。杨春江（2010）在其博士毕业论文中通过实证研究证实工作嵌入的组织维度相关内容在中国情境下可得到有效证实，但社区维度的影响并不能有效显现，因而根据中国情境将这一维度调整为区域维度，并开发出适用于中国情境的组合量表。他开发出的这一量表被广泛用于后续工作嵌入的相关研究。随着社会经济的蓬勃发展，企业不断扩张，组织的结构日益复杂，组织环境、员工特性也在悄然发生变化，中国情境下的工作嵌入量表开发仍吸引着学者进行研究探索。杨春江在 2013 年开发出中国情景下的量表后，于 2019 年再次从工作嵌入的构念内涵及维度等方面对已有量表进行修正。由此可见，工作嵌入在中国情境下的影响情况研究还有待进一步深入探索。我们在研究过程中将延续使用杨春江 2013 年开发的组合量表，从工作嵌入的六个维度即组织牺牲、组织联系、组织匹配、区域牺牲、区域联系、区域匹配对工作嵌入进行测量。

3. 工作嵌入的国内外研究现状

Lee 等（1994）学者最早将“嵌入”概念引入企业管理的组织和工作领域，从员工留职因素角度出发研究个体所处的环境、群体、社区、朋友等因素对个体行为的影响，这一研究为离职问题研究提供了新思路。Mitchell（2009）从由组织和社区两个层面以及两个层面中各自的联结、匹配、牺牲三方面内容组成的六维度构念的角度，分析了员工的离职行为，指出员工离职率高是由于其对工作“嵌入”不足，由此奠定了后续学者开发工作嵌入组合量表及深入研究工作嵌入各维度影响机制的基础。Friedman 和 Holtom（2002）的研究以少数民族管理人员为调研对象，发现员工参加公司组织的联谊活动等能够有效地促使员工留职，这表明工作嵌入对员工离职主要起到正面的影响，能够降低员工的离职意愿。

中国学者对这一舶来概念的研究起步较晚，国内有关工作嵌入的研究开始于 2005 年左右。有学者认为工作嵌入主要是针对国外的社区文化而展开的，并不适用于中国文化，因而建议在中国情境下研究工作嵌入时应重点关注组织层面的分析，将工作嵌入概念中社区层面的嵌入理解为员工个人与特定空间及团体之间产生的深层次心理联结。杨春江（2019）认为工作嵌入突破了传统的离职理论框架，能够更加有效地预测和解释员工离职行为。卢福财等（2013）学者通过大量的样本研究厘清了工作嵌入组合测量与整体测量的数理原理，为后续中国情景下工作嵌入的量表开发提供了数理原理上的支撑。闫淑敏等（2011）学者认为工作嵌入过程中的“嵌入”具有一定的普适性，不仅适用于企业中的各项经济活动，也同样适用于人类社会关系。王林等（2017）学者将新生代农民工群体作为研究的主要对象，通过对这一群体进行实证研究，证实工作嵌入对离职倾向具有显著的负向影响及组织承诺的部分中介作用，进一步说明员工工作嵌入程度越深，离职意愿越低。随着研究的不断深入以及企业组织内部环境日益复杂，学者们对工作嵌入的研究不再只局限于工作嵌入与离职意愿之间的关系证实，越来越多的其他因素被纳入研究模型。黄婉凝（2017）在研究中考虑了震撼事件所带来的影响，通过研究指出工作嵌入在职内消极震撼事件与留职意愿的相互关系中起着中介作用，并检验了外部影响对工作嵌入中介作用的调节过程。佘启发等（2018）学者将工作绩效与工作满意度放入研究模型，经过实证研究，证实医务人员工作嵌入的组织联结维度与其工作绩效之间存在显著的正向关系，并且工作满意度在其中起到完全的中介作用。王永丽（2018）将研究场景拓展至工作—家庭冲突中，将工作与家庭的冲突纳入研究模型，通过结构方程模型证实工作嵌入对家庭、工作之间的冲突存在影响。徐千（2018）则将研究对象定位于知识型员工，通过研究证实工作嵌入在领导成员交换与员工绩效之间的中介作用，再次证实工作嵌入可正向影响工作绩效。梁昊等（2019）提供了另一种研究思路，通过研究员工处于负面工作环境时的心理状态证实工作嵌入会抑制员工的离职冲动，但同时也会进一步增加员工的心理压力。刘琛琳（2023）探讨了社区感对员工离职倾向的影响，认为社区感可以通过社区嵌入影响组织嵌入，从而降低员工的离职倾向。此外，养家动机可以正向调节社区感对社区嵌入的影响。

（二）职业规划与离职

1. 职业规划的定义

职业规划（career planning）也被称为“职业生涯规划”。有学者在早期的研究中将职业规划看作一个通过自我评估来进行目标设定的连续过程，这个过程包括对自己从事职业的定位、设定职业目标和设计完成渠道三个要素，包括自我认知、设定目标、制定完成策略、及时反馈、修正几个方面的内容。也有学者从职业决策角度出发对职业规划进行概念界定，例如吴所禄（2019）将“职业规划”的概念界定为员工在进行职业选择过程中的进展水平和对未来职业前景的坚定程度，这一概念下的职业规划更侧重于描述职业规划结果的影响，而非职业规划这一过程。本书将沿用吴所禄（2019）对职业规划的概念界定，将职业规划定义为员工在进行职业选择过程中的进展水平、职业决策的清晰程度以及对未来职业前景的坚定程度。

2. 职业规划的测量

现有研究对职业规划的测量主要有两个角度。一个角度是从职业规划的过程出发，对职业生涯规划进行测量。比如范乃亮（2016）根据凌文辁对职业生涯管理理论的解释，将职业生涯规划的五个维度扩展为包括职业生涯目标、职业生涯策略、自我认知、了解组织、生涯探索、生涯信念、向上沟通能力在内的七个维度，对职业生涯规划进行测量。另一个角度是从确定性因素与不确定性因素两个方面对职业规划进行测量，常用的量表包括 Osipow 等（1976）编制的职业决策问卷量表、Lawrence（1989）编制的职业决策调查量表以及职业规划问卷。本书借鉴吴所禄在探究中韩大学生职业价值观、社会支持和职业规划关系的过程中所使用的职业规划问卷，该问卷有两道确定水平的题和测定职业决策不确定性的两个维度，采用李克特五点计分法：分值越高意味着被调查者的职业规划或前途决策水平越高，被调查者的职业规划越清晰，其职业发展的目的越明确。

3. 职业规划的研究现状

国外的职业规划相关研究最早开始于探索个人特性与职业决定水平之间的关系。Jamie（2006）认为个体的焦虑水平会影响到职业决策，研究结果表明未决策型被调查者的焦虑水平远高于已决策型被调查者。有学者认为自我效能、自我认同、职业障碍、社会支持等多种因素会影响职业决策水平。国内的职业规划多被用来研究大学生的职业规划教育与离职的关系。例如，窦雅琴（2015）通过研究大学生毕业半年内的离职率等数据提出应届生毕业后短期离职率高的原因在于缺乏职业规划、盲目就业。在之后的研究中，职业规划的研究群体逐渐从大学生变为已经参加工作的人群。有研究指出个人职业生涯规划与员工离职意愿之间存在显著相关关系，范乃亮（2016）通过实证研究证实个人—组织匹配可在员工职业生涯规划与新生代知识型员工的离职意愿之间起到显著的中介作用。李秀玫（2022）基于网络热议的“小镇做题家”话题，针对“小镇做题家”在个人发展和就业预期方面的心态，发现来自小镇、就读于精英大学的“小镇做题家”面临着群体性焦虑的困境，这种困境集中表现在职业规划和个人发展方面。这种焦虑情绪根植于这一群体对于工作意义的理解和对于“好工作”的评价标准。这一群体非但不“丧”，反而更加看重家庭和社会责任，渴望在理想与现实之间寻找一个并不容易的平衡点。丁述磊（2022）认为顺应数字经济职业发展趋势，青年应在职业认知、规划及进阶方法论指引下，明确认知自身优势、偏好以及外部市场变革情况，结合职业认知和全生命周期职业发展进行合理规划，选择适合的就业方式，并保持终身学习和持续创新的态度，突破职业危机，使职业取得长足发展。

（三）工作—家庭冲突与离职

1. 工作—家庭冲突的概念

Kahn 在角色理论中最先提出工作家庭冲突（也即工作—家庭冲突），他认为这是一种双向的角色间冲突，当工作和家庭的角色或需求不相容时，冲突就会产生。换言之，当个人的工作（或家庭）角色使其难以担任另一个角色时，冲突就会产生。与压力理论相一致，工作—家庭冲突作为一种角色间的冲突，是每个人都会经历的一种压力源。Greenhaus 和 Beutell（1985）提出了工作—家庭冲突包括基于时间的、基于压力的和基于行为的需求冲突。Voydanoff 等（2005）也普遍认为，这种冲突是来源于工作和家庭之间，基于时间、基于行为和基于压力的冲突。20 世纪 80 年代，在妇女劳动力急剧增加的时期，“工作家庭冲突”一词广为人知。首位指出工作并不和家庭分属同一领域的学者是 Kant（1977）。之后，“家庭和工作会互相影响”的观点发展成为所谓的“溢出理论”：工作对家庭的影响，家庭对工作的影响。Frone（1992）证明了区分冲突方向的重要性，以及当个人在一个领域中的角色干扰到另一个领域的角色时，个人很难满足不同角色的需求。

2. 工作—家庭冲突的测量

工作—家庭冲突的测量工具包含一维到六维，这些测量工具的方向性维度有不同，题项或多或少，测量结果也大相径庭。表 2-1 列举了国内外学者历年来开发和修订的各种测量工具。

表 2-1　工作—家庭冲突的测量工具

开发日期	开发者	维度	题项个数	测量内容
1992 年	Aryee 等	1	4	个人改变对组织的态度等
1996 年	Netemeyer	2	10	家庭压力是否影响我的工作能力等
2000 年	Carson	6	18	我的工作需要是否与家庭有冲突等
2004 年	冯颖	3	15	家庭生活是否会阻碍工作等
2006 年	吴明霞	6	22	把工作中有效的方式用到家庭却与预期不符等

3. 工作—家庭冲突的相关变量研究

近 40 年来，作为工作家庭领域的研究热点，工作—家庭冲突广受关注，许多学者把最初的兴趣归因于 Kahn 等（1964）的研究。研究发现，工作投入、离职意愿、组织承诺、工作幸福感、工作满意度、工作绩效、工作倦怠、组织支持感和职业认同等都是工作—家庭冲突与工作相关的结果变量。主观幸福感、婚姻满意度、心理授权、自我效能和情绪耗损等都是工作—家庭冲突的非工作相关结果变量。国外学者在最近的研究中主要探索工作—家庭冲突和家庭—工作冲突及其对结果的负面影响，如工作满意度、旷工和离职意愿，重点研究了对员工和组织的潜在负面影响。研究表明，工作—家庭冲突会降低工作满意度、生活满意度、工作绩效和组织承诺，同时增加工作压力和抑郁、工作倦怠、旷工和离职意愿。研究人员提出了一种来源归因的观点，认为当一个人遇到工作—家庭冲突时，在接受领域的表现可能会下降，但他们也可能会在心理上责备冲突的根源所在领域。在对 153 项研究的 Meta 分析中，Shockley 和 Singla（1979）发现工作—家庭冲突与工作满意度的关系比家庭满意度更为密切，家庭—工作冲突与家庭满意度的关系更为密切。Hatam（2016）研究发现工作—家庭冲突可以直接影响到员工的离职意愿，也可能会通过员工的组织承诺这一中介变量来影响。Casper（2002）通过研究发现工作—家庭冲突越大，员工的持续承诺越高、情感承诺越低，而规范承诺不受影响。Allen 等（2000）对 1977—1998 年的 130 多个实证研究进行了分析，发现工作—家庭冲突会对三类变量造成影响。其中工作—家庭冲突的压力带来的结果包括心理紧张、身体症状、抑郁、药物滥用、倦怠、工作相关压力和家庭相关压力。Kossek 等（1998）发现，家庭—工作冲突会负向影响员工的工作绩效和工作态度。较高的离职意愿、缺勤率和组织承诺都会导致工作—家庭冲突的程度升高。女性受工作—家庭冲突影响的工作满意度往往比男性高。Eby 等（2003）在对 1980—2002 年 190 项的实证研究的分析中探讨了工作—家庭冲突对工作满意度的作用机制。Bruck（2002）发现基于行为的工作—家庭冲突和基于行为的家庭—工作冲突显著地预测了整体的综合工作满意度，而基于压力或时间的工作—家庭冲突和家庭—工作冲突却无此作用。

国内学者通过研究发现与工作—家庭冲突相关的其他因素还包括性别、父母职业、伴侣、管理层和同事的支持、工作时长和文化差异等。刘永强等（2006）研究发现，工作—家庭冲突会影响员工的离职意愿、婚姻满意度、工作满意度和职业倦怠。佟丽君（2009）通过研究发现员工的生活满意度随着工作—家庭冲突和家庭—工作冲突的加剧而下降，而员工的工作满意度却不受二者的影响。潘镇等（2012）通过对 250 名员工的实证调研发现工作—家庭冲突会正向影响离职意愿，并从时间、压力、行为这三个维度分析了工作—家庭冲突对离职意愿的影响。江红艳（2018）在研究中将工作—家庭冲突作为工作资源与员工离职关系之间的中介变量，指出工作—家庭冲突受工作资源影响，增加了员工离职意愿。周金泉（2018）指出工作—家庭冲突随组织支持感的降低而降低，影响了员工离职意愿。陈忠卫（2014）对企业员工进行实证研究，指出员工将来是否愿意留在组织中可以通过的工作—家庭冲突对工作的感受来间接影响。王振宏（2023）在对幼儿园教师的离职研究中发现，职业幸福感在幼儿园教师工作—家庭冲突和离职倾向之间起部分中介作用，可以通过构建专业化的内部管理系统、缓解工作—家庭冲突以及创设良好的组织氛围等措施来提高幼儿园教师的职业幸福感，从而减少员工离职倾向。张兰霞（2006）认为职场排斥对心理困扰和关系重塑具有显著的正向影响，心理困扰和关系重塑在职场排斥与工作—家庭冲突之间起中介作用，心理困扰和关系重塑在职场排斥与助人行为之间起中介作用，心理困扰和工作—家庭冲突在职场排斥与员工助人行为之间起链式中介作用，主动型人格在职场排斥与心理困扰及职场排斥与关系重塑之间起调节作用。邓林园（2022）结合疫情背景研究中小学教师的心理问题，发现对于感知疫情后情况更好的教师，心理弹性调节了工作—家庭冲突与职业倦怠的关系，对于感知疫情后情况更差的教师，心理弹性调节了职业倦怠与抑郁的关系即缓解了工作—家庭冲突和职业倦怠，提高心理弹性可减少中小学教师抑郁，使他们保持心理健康。

（四）工作满意度与离职

1. 工作满意度的概念界定

Hoppock 于 1935 年首次在《工作满意度》一书中提出“员工满意度”的概念。他认为工作满意度是员工对相关工作环境的主观感受。Lock（1969）对 Hoppock 提出的主观感受进行补充，指出员工可以通过主观评价、反应态度、应对工作相关因素的情绪表现来表达对工作环境的主观感受。1976 年，他又将工作满意度定义为一种精神上的快感，这种快感来源于对自身从事的职业及任职经历进行的自我评估。Dawis（1974）认为工作环境与个人需求之间相互作用会产生工作满意度，Robins（1977）则认为工作满意度是一种期望差距感。Sector（1997）把个体对自己从事的职业的喜恶程度定义为工作满意度。Rief（1997）认为个体对职业或职业各个方面的想法和感受反映的就是工作满意度，并提出工作满意度具有不同的喜恶和不同的程度，是一种经过评估职业履历而产生的内在状态。总而言之，工作满意度是一种影响员工工作投入程度的心理与生理感知。

国内学者对工作满意度的概念也做了梳理。卢嘉等（2001）认为工作满意度区别于职业生涯发展满意度，它是一种员工对工作本身或者工作经历评估后产生的态度。刘凤瑜和张金成（2004）认为工作满意度侧重于积极的状态，是员工评估自己所从事职业的一种情绪和态度。张娟（2023）从人企关系构建出发，探究柔性人力资源管理与员工满意度、离职倾向间的关系，指出合适的管理策略会改善员工满意度，并减少其离职倾向。

综上所述，本书认为工作满意度是员工综合评估现从事职业各方面后的主观感受。

2. 工作满意度的测量

在测量工作满意度时，测量工具至少应包含三个维度，最多包含二十个维度。这些测量工具的维度不同，题项个数差距较大，测量结果也有很大差别。表 2-2 中列举了国内外学者历年来开发和修订的各种测量工具。研究者大多采用三类测量量表。第一类是简洁清晰、应用广泛、测量效果理想的工作说明量表，适用于员工对工作进行总体评价。另外两类是表 2-2 中第二行列举的波特开发的需求量表和第四行列举的明尼苏达短式量表，它们对工作满意度的所有方面都进行了比较全面的测量。

表 2-2　工作满意度的测量工具

开发时间	开发者	维度	题项个数	测量内容
1951 年	Bradfield 等	3	6	对工作收入是否满意等
1962 年	Poter	3	20	理想的工作状态等
1967 年	Weiss 等	20	120	工作中能否获得成就感等
1967 年	Weiss 等	3	20	对目前的企业没有太多的归属感等
1969 年	Smith 等	5	72	是否喜欢现在的工作内容等
1975 年	Hackman 等	3	15	列举有决策权的工作内容
1996 年	冯伯麟等	5	26	把工作有效的方式用到家庭却与预期不符等
2004 年	吕国光等	5	30	工作是否能实现人生价值等

3. 工作满意度的相关变量研究

影响员工工作满意度的因素众多，不同因素往往存在交互作用。在国外研究中，Brown 等（2015）指出员工个体差异（性别、学历、年龄等）、角色知觉（角色冲突、角色认知、角色期望等）、工作结果（工作绩效、离职意愿、幸福感等）和组织变量（组织公平感、组织结构、变革型领导行为、薪酬等）会影响工作满意度。工作满意度是从个人层面能够准确预测离职意愿的因素，过去的许多研究都证明了离职意愿会随工作满意度的增高而降低。AKM 等（2019）研究发现这种负相关关系的强度会因员工企业性质和职位不同而不同，验证了工作满意度和离职意愿之间的关系会受职业阶段的影响而减弱。Cho 等（2017）探究了韩国社会工作者的离职意愿决定因素，发现工作满意度随着倦怠情绪的增加和组织支持的缺乏而下降，进而使员工离职意愿增加。工作满意度也常常在有关离职意愿的研究中被当作中介变量，比如工作相关资源（如组织支持感等）、监督机制、工资收入与离职意愿的关系。

在研究工作满意度与离职意愿之间的关系时，中国学者特别关注一些特殊群体。刘宇等（2019）通过研究发现，乡村医生的工作满意度在综合保障水平和离职意愿的关系中起中介作用。我国学者还对护士（张丽青等，2016）、义务教育教师（武向荣，2019）、医师（王琪如 等，2019）、民警（王琮 等，2020）等工作压力较大的职业群体的工作满意度与离职意愿的关系进行探讨。罗渝川等（2017）以飞行员为研究对象，提出飞行员的婚姻状况、飞行时长和职位对工作满意度有很大影响。李恺等（2019）研究发现当前乡村教师的工作满意度居于中等水平，心理契约（教师责任）可以正向影响乡村教师的工作满意度，且心理契约对工作满意度的影响低于心理契约（学校责任）。文宏和张书（2019）以公务员为研究对象，证实工作满意度可以通过职业倦怠的中介作用对公务员不作为产生显著影响，心理资本可以调节工作满意度对职业倦怠的影响。于潇等（2019）以农民工作为研究对象，发现收入的增加对农民工的工作满意度影响更大，公平感的提高对城市职工的工作满意度影响更大。杨丽（2020）以基层医务人员为研究对象，发现年龄、晋升制度、薪资水平、工作绩效和工作能力会整体上影响医务工作者的工作满意度。郭枫等（2020）以部队军人为研究对象，提出心理健康水平、工作类型和情感承诺与工作满意度呈正相关关系，心理健康在情感承诺与工作满意度的关系中起中介作用。王红芳等（2019）指出薪酬水平可以通过总体报酬感知的中介作用对工作满意度产生显著影响。文吉和侯平平（2018）通过研究发现，情绪智力可以通过深层扮演这一中介变量影响工作满意度，组织支持感可以调节表层扮演与工作满意度的相关关系。李宪印（2018）认为工作满意度是员工对当前自己工作状态的看法，不会对员工的离职意愿造成直接影响，但工作满意度与离职意愿密切相关。周烁（2021）认为工作满意度和生活满意度是幸福感的两个重要维度，互联网对人们生活的影响愈来愈大，一方面有助于提高人们的工作能力和工作灵活性，进而对其工作满意度产生正向影响，而另一方面也可能导致家庭关系的弱化和主观相对收入的降低，进而对人们的生活满意度产生负向影响。郭晴（2022）研究指出数字普惠金融对工作满意度的提升效应集中于自雇群体，并通过降低工作时长、增加小时工资率的途径实现；但社会保障项目的参与不足，抵消了数字普惠金融对非标准就业者工作满意度的正向影响。李鹏（2022）在对中小学教师的职业倦怠研究中发现工作压力可以直接影响职业倦怠，也可以通过情绪劳动和工作满意度的链式中介作用影响职业倦怠。结合疫情期间的居家办公情况，刘松博（2022）的研究着重指出远程办公对员工的工作满意度、工作耗竭、工作家庭冲突、工作绩效、离职意愿和职业成功既有积极影响，亦有消极影响，并提炼出远程办公的双刃剑效应整合框架。

（五）组织承诺与离职

1. 组织承诺的概念

“组织承诺”一词是由“organizational commitment”翻译而来的，是研究员工组织行为的重要变量之一，也一直是研究人员关注的热点问题。由于组织和员工关系的不断发展，学者们尚未对“组织承诺”的概念形成统一的看法。Morrow（1983）归纳概括“组织承诺”的概念后发现它至少有25种，而最早提出这一概念的是Henri和Weber，他们认为为了有效地研究组织和员工关系，可以使用组织承诺。但是直到1960年，Becker才正式提出该概念，并将其定义为个体因对组织的单边投入增加而不得不继续留在组织的一种心理现象。因此，与组织承诺相关的早期的研究基本以Becker提出的单边投入理论为基础。

随着研究的深入，Buchanan等（1974）指出组织承诺与基于利益关系的工具性概念本质上不同，通常由员工对组织的情感依赖或对组织目标和价值观的认可对组织承诺的概念进行重新定义。之后，Marsh（1977）和Mowday（1982）等学者提供了反映某一方面的组织承诺的定义，并从不同的角度对其进行了扩展和丰富。但是，组织承诺的内涵和扩展属于一维单因素理论，在应用上有很大的局限性。Becker（1960）界定的组织承诺于1984年被Meyer和Allen定义成持续承诺，于1974年被Buchanan和Porter等界定为情感承诺。基于此，组织承诺的二维理论被Meyer和Allen提出。Allen和Meyer于1990、1991年再次梳理已有研究，认为组织承诺包括情感承诺、持续承诺和规范承诺，并提出组织承诺的三因素理论。

“组织承诺”是由英文翻译而来的，其中文说法不一，各个学者的研究也稍有不同。刘小平于1999年首次系统地阐述了组织承诺的构念内涵，并总结了组织承诺在不同情景下的不同研究思路。中国学者经过长时间研究，提出组织承诺意味着员工作为组织成员愿意承担各种责任，履行各种义务，在思想上基本完全认同组织，在心理和感情上基本完全投入组织，且以主人翁的责任感和事业心继续专心致志工作。凌文辁等在2000年通过本土化研究提出了组织承诺五因素（理想承诺、情感承诺、经济承诺、规范承诺和机会承诺）理论，并表明国外学者建立的三维模型同样适用于中国职工。

2. 组织承诺的测量

综合学者的研究，目前关于组织承诺的测量工具主要有七类量表，量表中题项的数目相差较大，最少有6个题项，最多包含30个题项。这些测量工具对维度的划分不同，每次测量的维度也不同，不同学者针对自己的研究选取不同量表，因此测量结果也会存在差异。表2-3列举了国内外学者历年来开发和修订的各种测量工具。研究者综合考虑测量维度、题项个数和测量准确性，大多采用表中第六类问卷进行测量。校长变革型领导对教师组织承诺具有显著正向预测作用；教学效能感在校长变革型领导和教师组织承诺间发挥着部分中介作用；教师社会情感能力在校长变革领导与教师组织承诺之间具有正向调节作用，即教师社会情感能力越高，校长变革型领导对教师组织承诺的作用就越强。李根祎（2022）基于社会交换理论研究发现职业可持续性对组织承诺与员工创新行为具有显著的正向影响，情感承诺、规范承诺和持续承诺在职业可持续性与员工创新行为的关系中具有中介作用。教育水平负向显著调节三种组织承诺在职业可持续性与员工创新行为间的中介作用。

表 2-3　组织承诺的测量工具

日期	开发者	维度	题项个数	测量维度
1979 年	Poter 等	3	15	组织承诺
1980 年	Balfour 等	3	9	认同承诺、依恋承诺、交换承诺
1984 年	Meyer 等	2	13	持续承诺
1990 年	Allen 等	1	8	规范承诺
1993 年	Allen 等	2	6	情感承诺
1997 年	Meyer 等	3	18	情感承诺、规范承诺、连续承诺
2000 年	凌文栓等	5	30	组织承诺

3. 组织承诺的相关变量研究

组织承诺的研究最初是从国外开始的，许多国外的学者都在该领域内开展过研究。国外学者通过构建理论模型探讨组织承诺的前因变量和结果变量。Steers（1977）建立了因果模型，发现组织承诺的前因变量包括工作经验、工作特征和个人因素，结果变量包括工作绩效和留职意愿。Stevens 等为便于开展研究建立了角色扮演模型。他们指出相较于工作特征，工作满意度对组织承诺的影响更显著，并且更能预测员工的组织承诺。Mathieu（1991）基于交叉相关方法进行研究，他认为工作满意度可以对组织承诺造成影响，并且组织承诺又将影响工作满意度。Vandenberg 等基于纵向方法进行研究，他认为组织承诺是工作满意度的前因变量。Holtom 等（2014）指出工作满意度是个体对组织心理感知的直接反映，可以正向影响组织承诺，因此可以作为衡量个体组织态度的重要指标。Meyer 和 Allen 支持员工对组织承诺起反作用的观点。Halpern、Kossek、Colquit 和 Noe 也通过研究发现，当组织提供有利于工作的计划来帮助员工履行家庭和非工作责任时，员工的组织承诺会增强。

在我国学者关于组织承诺的前因变量的研究中，徐细雄等（2011）以新生代农民工为研究对象，提出新生代农民工雇佣关系表现出明显的不对称性。凌玲等（2013）以 405 名员工为调查对象，认为培训对组织承诺有显著影响，在 2020 年又以知识员工为研究对象，再次验证了培训与知识员工的组织承诺有显著的正相关关系，职业承诺在其中起部分中介作用，内部可雇佣性在其中起调节作用。张祥润等（2017）以制造业员工为研究对象，发现领导实际行为、内隐领导原型与员工的工作满意度和组织承诺有显著的负相关关系。李国梁和党桂杏（2017）以新生代农民工为研究对象，提出员工组织承诺与员工的职业选择意愿有相关关系。凌辉（2018）以乡村公务员为研究对象，发现外在价值可以正向影响乡村公务员的情感承诺和持续承诺。组织承诺结果变量的研究大多基于个体层面，因此组织承诺的结果变量的研究少于其前因变量的研究。韩翼（2008）研究发现组织承诺会对员工的工作绩效造成影响。杨春江等（2016）以旅游业员工为研究对象开展实证研究，结果表明组织承诺可以负向影响离职意愿。梁斌等（2016）研究发现员工的工作投入可以影响组织承诺，且组织承诺是员工出于对企业的利益考虑而采取的自发行为。郭杰等（2018）研究发现变革型领导以及四个子维度均与组织承诺有显著的正相关关系，这种相关关系可以被相对剥夺感调节，并且组织承诺可以降低员工的离职意愿。侯秀云（2019）研究发现员工组织承诺、工作满意度和聘用形式是影响员工离职意愿的重要因素。田辉（2014）指出组织公平可以通过组织承诺这一中介变量影响员工离职意愿，组织承诺负向影响离职意愿，且规范承诺对离职意愿的作用不如情感承诺和持续承诺的作用显著。张婉莹（2022）认为提高教师组织承诺，促进学校管理变革，需唤醒教师“角色意识”，激发和增强教师的教学效能感，进一步促进校长“角色转型”，不断提高校长的变革型领导水平，顺应“情绪革命”，多途径发展教师社会情感能力。朱仁宏（2022）研究发现员工编制身份对组织承诺有正向影响，内在薪酬感知在编制身份—组织承诺关系中部分起负向调节作用，即内在薪酬感知能够部分减少“双轨制”带来的员工价值认同、回报以及继续留在组织的意愿的差距。内在薪酬感知的具体调节作用存在差异，即内在薪酬管理并不如预想中那样有效。

第三章　员工离职的相关理论

目前，主要是管理学，特别是其中的人力资源管理学和组织行为学在研究员工的离职问题。在人力资源管理中，激励、薪酬和劳动关系管理都会涉及员工的离职管理问题。但是，如果把视野放宽一些，会发现不仅仅管理学在研究员工的离职问题，几乎所有的人文学科都在从不同角度分析、讨论这个问题，并且形成了各自的理论体系。只是因为学科属性不一样，理论分析的侧重点不一样；又因为是研究同一个问题，尽管概念使用不一样，但是各学科一定有相通之处。本章将分别从社会学、人口学、心理学、经济学和管理学的角度来讨论员工离职的理论背景。

一、社会学关于员工离职的相关理论

社会学中有很多理论与员工离职问题相关，也有一些学者正在用社会学的理论来研究分析员工的离职行为。在众多社会学理论中，社会交换理论和社会流动理论与员工离职问题关系最为密切。

（一）社会交换理论与员工离职

霍曼斯（George Casper Homans）于20世纪50年代提出的社会交换理论从微观层面探讨了人与人之间的社会行为。他认为人与人之间的社会行为可以看作一种相互交换的过程，包括物质和非物质的交换，例如金钱、社会认可和声望等的交换。之后，布劳（Peter Michael Blau）从社会结构角度对社会交换过程进行了更深入的研究，他认为行动者期望的酬赏分为外在酬赏（如金钱、商品和服务）和内在酬赏（如爱、尊敬、荣誉和职务等）。在布劳看来，霍曼斯的理论只适用于解释小群体内成员面对面的互动，而面对面互动的小群体内的交换与大型复杂的社会组织内的交换是不同的。于是，布劳在霍曼斯理论的基础上分析了大型复杂组织中的交换与权力。在大型复杂组织中普遍存在着权力分层。权力既可以是合法化的（权威），也可以是强制性的。在这种权力分层体系中，关系只有对下层成员和上层成员都有好处时才是交换关系。但实际上，这种对等关系可以被强制性的权力关系所取代，地位较低的成员只能取得较少的报酬。强制性的权力关系是一种不平等的交换关系，这种关系是用消极的惩罚手段来维持的。这种复杂组织内的分层体系一旦建立，组织就是用权力关系而不是用交换关系来维持的。他认为交换关系是交换的另一方做出报答性反应时发生的，如果交换的另一方不做出回应，则交换关系将不存在。

社会交换理论强调的重点是所有人类行为都基于各种平等互惠的交换活动，这些交换活动将在过程中给人类带来回报和奖赏。当员工感知到组织中存在浓厚的强制性权力关系氛围时，会认为组织中存在不公平的现象，其他成员资源或利益的获得是建立在自己的资源或利益相对损失的基础上的。而社会交换理论认为只有对等回报和奖赏才是人类行为的保障，所以当员工感受到权力关系导致组织不公平时，自然会在主观上觉得自己的付出没有获得应该有的回报和奖赏，就会对组织的决策和同事的行为产生怀疑，对组织和同事的信任度下降，认为组织可能没有能力去建立一个平等互惠的交换环境，如果继续留在组织中，自己的资源将会进一步流失，自己的利益损失将会进一步扩大，趋利避害的本能会使员工产生离开组织的倾向，员工离职意愿和离职行为就会发生。

（二）社会流动理论与员工离职

19 世纪末 20 世纪初，随着社会分层理论的出现，产生了社会流动理论。第二次世界大战以后，社会变迁的速度加快，社会流动率提高，相关问题更引起了社会学家的兴趣。社会分层是一种普遍现象，每一个社会都是由各个阶级、阶层组成的分层体系。社会流动的程度与社会分层体系封闭或开放的程度密切相关。在传统的农业社会里，社会的阶级、阶层体系是封闭式或半封闭式的，社会流动非常稀少。如古代印度是一个实行种姓制度的封闭社会，各种姓之间的流动是不可能的。在现代工业社会，社会分层体系是开放的，社会流动比较普遍。社会流动会引起社会结构的变化，大多数人流动的方向和频率反映着社会变迁的趋势。因此，社会流动被人们看作社会变迁的指示器，是社会选择的一种途径。

按不同标准，社会流动被划分为多种类型。最常见的、与员工离职关系密切的分类有：按流动的方向，把社会流动分为垂直流动和水平流动；按照流动的原因，把社会流动分为自由流动和结构性流动。

垂直流动是指一个人从下层地位和职业向上层地位和职业的流动，或者从上层地位和职业向下层地位和职业的流动。垂直流动可以伴随地区间流动，也可是原地升降。水平流动是指一个人在同一社会职业阶层内的横向流动。它多半是地区间的流动，也包含在同一地区的不同工作群体或组织之间的流动。垂直流动无论对个人还是对社会都极为重要。如果一个时期内向上流动的频率超过向下流动，说明社会在进步；反之，说明社会在倒退。每个人都希望向上流动而不希望向下流动。但社会向上流动的机会分布是不均匀的，只有那些具备一定条件的人才有可能上升，这个条件就是知识、才能和机会。

自由流动是指个别发生的流动，是由个人原因造成的地位、职业的变化或地区的移动。自由流动不会对社会结构和人口的分布产生重大的影响。结构性流动是相对于自由流动而言的，凡是由自然环境和社会环境的突变，或由某项社会发明与创造引起的相当多的人的流动，包括有组织的和无组织的流动，都是结构性流动。结构性流动会在短期内影响社会结构和人口分布的变化。自由流动是随时随地经常发生的，结构性流动只有在自然环境或社会发生剧变的时候才会发生。自由流动无确定的方向，不能从个别的自由流动中发现社会变迁的性质和趋势；结构性流动是有方向性的，从每一次结构性流动中都可发现社会变迁的性质和方向。

影响社会流动的因素有很多，大致可以分为三类：自然环境、人口和社会经济因素。这三类因素中最重要的是社会经济因素，主要包括社会价值观、社会变革或革命、社会公共政策、经济利益分配等。

很显然，社会流动理论也没有直接或专门研究企业员工离职问题，社会学学者更多是从社会结构变迁、社会分层、社会角色、社会地位等方面关注人的流动问题。但是，社会学在讨论个人自由流动的时候，归纳的职业流动（occupational mobility）、主动职业转换（voluntary career transition）等流动形式都是与员工离职密切相关的，至于垂直流动、水平流动和结构性流动等形式以及对流动影响因素的探讨，对于分析企业员工的离职方式、路径、原因等也是有参考和借鉴意义的。

二、人口学关于员工离职的相关理论借鉴

传统的人口学中没有员工离职的专门内容，但是人口迁移（population migration）或人口流动的相关理论从更为宏观的角度为员工离职提供了理论背景。人口迁移和人口流动都是指人口在两个地区之间的地理流动或者空间流动，不同的是，前者是长时间甚至永久性的流动，后者是短时间、暂时性的流动。随着人口学与其他学科的交叉、融合，人口迁移与人口流动的界限变得模糊起来，在很多场合都被等同使用。从某种意义上讲，员工离职问题实际上就是企业的人口迁移或流动问题，所以，人口流动的相关理论对员工离职问题也可以起到解释或指导作用。

人口迁移（流动）理论主要回答了人口为什么流动、如何流动、影响流动的因素是什么等问题。最早讨论人口迁移问题的英国学者拉文斯坦（E. G. Ravenstein）认为，人们迁移的主要目的是改善自己的经济状况，他还对人口迁移的机制、结构、空间特征规律分别进行了总结，提出了著名的人口迁移七大法则（定律）。比如，在迁移距离方面，他认为多数移民只倾向于短途流动，长途移民的目标是工业和商业中心城市；在迁移倾向方面，农村居民比城市居民的流动倾向更明显，女性比男性的流动倾向更明显；在迁移行为过程方面，离散过程与吸引过程相对应，迁移流与反迁移流同时存在；等等。后来，博格（D. J. Bague）提出了人口迁移的推拉理论，他认为人口迁移是由一系列力引起的，一部分为推力，另一部分为拉力。该理论认为，人口迁移是迁出地的推力或排斥力和迁入地的拉力或吸引力共同作用的结果。从迁移者个体的行为决策过程来看，推力—拉力理论的成立包含两个基本假设：一是假设人们的迁移行为是一种理性的选择，二是假设迁移者对原驻地和迁入地的信息有比较充分的了解。只有这样他们才能根据两地之间的推力和拉力，从比较利益的角度出发做出相应的选择。李（Lee）在其《迁移理论》一文中系统总结了推力—拉力理论，他将影响迁移行为的因素概括为 4 个方面：①与迁入地有关的因素，主要包括更高的收入、更好的职业、更好的生活条件、自己与孩子获得更好的受教育的机会以及更好的社会环境等；②与迁出地有关的因素，主要包括如经济欠发达、就业机会少、失业率高、收入水平低、教育水平落

后、恶劣的自然条件和社会环境、战争等；③各种中间障碍因素，主要包括距离远近、物质障碍、制度障碍、语言文化的差异等；④个人因素，主要包括年龄、性别、婚姻、宗教、受教育程度以及个人对这些因素的理解和价值判断。

在人口学者看来，人口的迁移或流动对迁出地和迁入地主要的影响是积极的：在一定程度上可以缓解迁出地的人地矛盾，保护生态环境，加强迁出地与外界的社会、经济、科技和文化联系等；为迁入地提供了大量的劳动力资源，促进了商品流通和经济发展，有利于产业的发展。其不利影响主要是导致迁出地人才外流、劳动力短缺、经济增长乏力等，导致迁入地公共设施负担加重和管理难度加大、自然和生态环境矛盾突出等。从全社会来看，人口的迁移或流动会影响人口和人种的分布，影响人口年龄结构，影响经济、文化的发展，改变迁入地和迁出地的环境人口容量，进而影响资源开发利用的地理分布，改变世界产业中心的地理分布，促进人类生产活动的发展，促进文化扩散和新文化区的形成。

很显然，人口学讨论的人口迁移或流动与企业员工的离职行为是不一样的，前者是指人口在一定区域、空间上的流动（流出），后者是指员工在一个具体的企业中的流出。前者不仅要讨论流出地的推力因素，而且要讨论流入地的拉力因素，后者主要是讨论流出企业的因素，较少关注流入企业的情况。但是，如果把企业员工放在人口研究的视域下，把企业放在特定的地理空间上来看，人口迁移理论中关于迁移的动机、迁移的影响因素、迁移后的后果等与员工离职的动机、离职的影响因素和离职的后果在很多方面是基本一致的，所以从一定意义上讲，人口学的相关理论也是可以为研究企业员工的离职问题提供参考借鉴的。

三、心理学关于员工离职的相关理论参考

心理学更多是从个体的动机、态度、性格特征与行为等方面关注员工的离职问题。从组织的角度，主要讨论内部因素对员工离职行为的心理决策过程的影响。从个体与组织联系的角度，主要讨论组织特征、工作特征、个体—组织匹配、个体—岗位匹配等方面与员工离职的关系。在所有心理学理论中，用于分析企业员工离职问题最经典的可能当属心理契约

理论。

心理契约理论属于典型的心理学理论。19 世纪 60 年代，组织心理学家阿基里斯（Argyris）在《理解组织行为》中强调，个人和组织间的社会交换关系无法把双方相互责任的界定完全体现在书面的雇佣合同中，在员工与组织的相互关系中，除正式组织雇佣契约规定的内容外，还存在着隐性的、非正式的、未公开说明的相互期望，它们同样是决定员工态度和行为的重要因素。之后，美国管理心理学家施恩（E. H. Schein）认为："在任一组织中，每一成员与该组织的各种管理者之间及其他人之间总有一非成文的期望在起作用。"他认为组织成员是抱着一定的期望加入组织的，他们希望借助于组织来满足自己物质的和精神的各层次的需要，同样，组织对其成员也是有一定期望的。简单地说，心理契约就是员工个体对雇佣关系中双方应付出什么同时又应得到什么的一种主观心理约定，其核心是雇佣双方内隐的不成文的相互责任。

当员工觉得自己满足了组织的期望，而组织却没能履行应尽的责任时，就可能发生心理契约违背。心理契约违背是一种情绪或情感，指的是个体在组织未能充分履行心理契约认知的责任的时候形成的一种情绪体验，其核心是愤怒与失望，个体感觉到组织背信弃义或自己受到不公平对待。心理契约违背往往需要超过一定的限度才能被员工感知，且不一定被理解为违背，员工更倾向于从积极的角度度量组织的行为。心理学认为，员工从感知到心理契约破裂到心理契约违背会经历复杂的动态过程，这一般包括三个阶段：承诺未履行、契约破裂（breach）和契约违背（violation）。一旦员工真切感知到心理契约违背并将其理解为心理契约违背的时候，员工将会产生一系列的负面行为。这些行为包括：信任动摇，忠诚度降低，关系成分减弱，交易成分增强，职务内、外绩效降低，主动离职，以及反社会的行为。

在心理契约违背后，员工的一种极端行为表现就是主动离职。当然，离职行为是否产生，还取决于心理契约违背程度以及劳动力市场、工会以及组织的补偿措施等多种因素。从离职倾向出现到离职行为产生，要经历一个复杂的心理过程，正因为如此，心理学家认为组织的管理者在这个阶段可以有所作为，以减少员工的主动离职率。

四、经济学关于员工离职的相关理论支持

经济学是最早研究员工离职问题的学科之一，只是它是从一般和抽象意义上进行研究，没有具体到企业，更没有具体到岗位。

在古典经济学时代，至少有两个重要理论与员工离职问题相关：一个是生产要素理论，另一个是资源配置理论。威廉·配第（William Petty）的著名论断“土地为财富之母，劳动则为财富之父”暗含了“生产要素二元论”的思想，即土地和劳动是生产的两个要素。此后，亚当·斯密（Adam Smith）又将资本列为生产要素之一，形成了“生产要素三元论”。尽管之后还出现了生产四要素论、五要素论、六要素论、多要素论等观点，但是劳动作为生产的一个重要因素是一直没有改变的。什么是劳动呢？劳动力的支出或使用就是劳动。什么是劳动力呢？存在于活的人体，创造某种使用价值所运用的体力和智力的总和就是劳动力。劳动力在很多时候就是指劳动者。配第之所以说劳动是一个“能动的要素”，实际上也是把劳动和劳动者等同看待的。所以，从古典经济学时代开始，经济学一直都在研究劳动者的劳动问题。经济学中的“劳动者”与管理学中的“员工”是同一概念的不同表述，管理学研究员工的工作问题与经济学研究的劳动者的劳动问题，在实质上是一样的，只是前者研究得更加微观、具体，后者讨论得更加宏观、抽象。

生产要素也是最主要的经济资源，资源都存在稀缺性。资源的稀缺性是经济学研究的起点，探索和回答如何在稀缺条件下实现资源的有效配置和利用是经济学的根本任务。所谓资源配置，是指通过一定的方式把有限的资源合理分配到社会的各个领域中去，以实现资源的最佳利用，即用最少的资源耗费，生产出更多适用的商品和劳务，获取最佳的效益。在古典经济学看来，在自由竞争的社会，借助于“看不见的手”即市场机制来配置资源，能够达到最优，实现效率。第二次世界大战以后，凯恩斯主义粉墨登场，强调“看得见的手”（政府干预）在资源配置中的作用。很显然，在所有资源中，人力资源（或者叫作劳动力资源、员工）是一种十分重要的资源，也存在着配置的问题，即把具有异质性的人力资源配置到不同的区域、不同的部门、不同的行业、不同的企业、不同的岗位，以实现人尽

其才、才尽其用。用什么样的手段来配置人力资源呢？基本的手段依然是市场，并辅之以国家的宏观调控，但是，两种手段自身的局限性和人力资源的能动性决定了不可能存在一种一劳永逸的人力资源配置方式。人力资源会根据经济的变化、产业的发展、区域的兴衰以及自身条件的改变，在不同的区域、产业、行业、企业、岗位之间流动。可见，经济学所讨论的人力资源的优化配置过程，也就是员工不间断地离职和再就业的过程。不同的是，经济学主要讨论用何种手段来配置人力资源以达到效率状态，而管理学则讨论得更加微观，探讨如何在一个具体的组织中实现人（员工）岗（岗位）匹配：既达到员工个人发展的目标，又实现组织绩效提升的目的。

在庞大的经济学体系中，还有一些分支的经济学科专门研究劳动力流动问题，在此基础上形成的经济学理论也为研究员工离职问题直接提供了理论支持，比如劳动经济学和发展经济学。劳动经济学是离职相关研究中成果最多的领域。在劳动经济学领域，早期经济学家关注蓝领工人的流动率以及如何降低流动性。劳动力市场学派以劳动力供给和需求、主观效用、合理经济决策、工作搜寻、离职成本与收益比较等为核心概念，注重从组织外部因素相互作用来解释员工离职，从总体性层面对劳动力流动状况进行描述。近年来随着人力资本理论的发展，组织中掌握核心资源的经理或关键技术人员被认为是拥有足够人力资本、有能力跨越组织边界移动以获取更好工作机会的一群人，他们拥有更多的流动自由。在劳动经济学研究个体离职决策的工作流动模型中，工资、企业规模、劳动力市场周期、年龄、辞职成本等被作为主要影响因素来考虑。经济学家认为，企业在本质上是一种经济组织，员工与企业之间的契约也是以经济契约为基础的，劳动者在雇主之间的自由流动是社会进行劳动力资源配置的重要方式。这种以经济人假设为前提的劳动力流动研究，对管理学层面的员工离职研究有着深刻影响。此外，劳动经济学中关于劳动就业、失业的相关理论，比如失业的原因与类型、失业的统计与计量、失业的危害与治理等理论对于研究员工的离职问题也有直接的影响。

在发展经济学中，刘易斯（Lewis）和托达罗（Michacl P. Todaro）的劳动力流动理论从区域（农村与城市）和产业（农业与工业）的角度讨论了发展中国家农村劳动力这个群体的流动规律。刘易斯认为，发展中国家同时存在着农村中以传统生产方式为主的农业和城市中以制造业为主的现代化部门这样两个单元（即存在二元经济）。由于农业中存在着边际生产率为零甚至为负数的剩余劳动力，因此农村的剩余劳动力必然会向城市的工业部门流动。此后，托达罗在费景汉和拉尼斯（H. Fei & G. Ranis）修正的刘易斯模型的基础上拓展了发展中国家产业间的劳动力流动理论。托达罗认为，农业劳动力流入城市主要决定于城乡预期收入差距而不是现实收入差距。差距越大，流入城市的劳动力越多；只要存在相对收入高的就业岗位和就业机会，它们就会对收入较低、就业不足的劳动力产生持续的拉力效应；流动劳动力在城市现代化部门找到工作的概率与现代化部门新创造的就业机会成正比，与城市失业人数成反比；对流动成本的计算与预期是影响劳动力做出流动决策的重要因素。托达罗的劳动力流动理论客观地解释了劳动力在比较经济利益的驱动下向更高收入的地区或部门流动的理性经济行为。刘易斯和托达罗的劳动力流动理论为研究员工离职问题提供了理论启示。首先，农村剩余劳动力作为职业农民或农业工人，属于农业从业人员或农业员工，他们从土地上游离出来流向城市工业部门是一种离职行为，这种行为是符合经济理性的，因为农业边际生产力低、工资率更低；其次，流向城市工业部门的劳动力是否能够顺利就业，会不会出现再次离职，答案是不确定的，因为城市工业部门就业机会越多，失业率越高；最后，我国农村剩余劳动力是一个庞大的群体，他们进入城市以后，广泛地分布在第二、三产业的岗位上，由于历史和现实的原因，总体上讲，他们的就业层次不够高，职业稳定性较差，被动离职的风险较大。所以，借鉴发展经济学的劳动力流动理论来研究我国农民工的离职问题，是有现实意义的。

作为经济学体系中十分重要组成部分的马克思主义经济学，为研究员工的离职问题提供了一个独特的视角，在资本积累理论、资本有机构成理论、相对人口过剩理论中都能够看到员工被迫离职的影子。在马克思、恩格斯看来，资本积累必然会导致资本有机构成提高，即不变资本的比重上升，可变资本的比重下降，资本对劳动力的需求会相对减少，而劳动力对资本的供应会绝对增加，最终，由于技术进步，出现机器排挤工人的现象，一部分员工（无产者）被迫离职，成为相对过剩人口。这些相对过剩人口，不论是以流动的、停滞的还是潜在的形式存在，都经历过离职，或正处在离职状态。马克思主义经济学是从生产关系的层面讨论员工的离职问题，揭示的是无产阶级与资产阶级的对立关系。如果撇开阶级关系和政治属性，单纯从经济的角度来看，伴随着科技进步的资本深化必然会使资本—劳动比率上升，机器人等自动化的生产设备取代劳动力，单位资本需求的劳动力减少，员工被动离职特别是技术含量较低的简单劳动力被动离职的情况越来越突出。马克思主义经济学从技术进步的角度揭示了一部分员工被动离职的趋势。

五、管理学相关理论与员工离职

管理学对员工离职问题的研究最直接、最具体、最深入，成果也最丰富。管理学作为一个学科门类涵盖的内容太多，它与其他学科融合发展出了很多交叉学科，出现了若干一级、二级、三级学科。这些学科都依据各自的理论对员工离职问题进行各有特色的研究。在所有的研究中，工商管理学一级学科对员工离职问题的研究最为系统和深入。工商管理学对员工离职问题的研究的具体理论非常多，概括起来主要是三种理论：组织行为理论、激励理论和薪酬理论。

（一）组织行为理论与员工离职

组织行为理论认为人是组织的灵魂，组织内部人员的行为和关系既受组织环境的影响，又影响组织的运作，进而影响组织的绩效。从巴纳德（Barnard）将组织定义为“两个及以上的人组成的有意识加以协作的系统”开始，组织中与工作相关的个人和群体的行为就一直是关注的重点。作为组织内部个体的员工，本质上是一种具有自主选择意志和追求自身多重利益的社会行动者，如果员工判断组织更能够帮助其实现自身利益，那么他就愿意留在组织中；如果员工发现组织无法满足其利益追求，就会产生离开组织的倾向。与此同时，组织对员工个体的关注是建立在员工对组织具有资源价值这一根本前提之上的。如果组织认为员工不仅不能够为组织带来资源、创造价值，反而会成为组织的负担，组织会采取措施，迫使员工离职。所以，员工与组织之间存在着主要以利益为纽带的双向选择关系，离职是解决员工与组织利益冲突的一种方式。当员工认为组织不能给予自己应有的利益时，会选择主动离职；当组织认为员工不能带来应有的利益时，会迫使员工被动离职。

组织成员与组织的基本关系的演进过程大致经历了四个阶段：第一阶段，组织成员对组织强烈依附；第二阶段，组织成员与组织之间的社会联系相对均衡；第三阶段，组织成员对组织的影响力进一步增强；第四阶段，组织成员对组织的影响力减弱。在第三、四阶段，员工主动或被动离职的可能性都很大。

组织行为理论认为，员工离职是组织中的个体主动或被动终止其与组织的成员关系的过程，组织行为理论研究员工离职问题的意义在于关注员工与组织的关系脱离过程及其对组织目标实现的影响。

（二）激励理论与员工离职

20 世纪 20 年代以来，出现了许多激励理论，与员工离职管理关系最密切的激励理论主要有需要层次理论、期望理论和公平理论，这些理论从不同的角度解释了员工离职的原因。

1. 需要层次理论

需要层次理论属于典型的内容型激励理论，该理论的重点是激发个体的动机诱因，产生行为，指向目标。马斯洛（A. H. Maslow）的需要层次理论把人类纷繁复杂的需要分为生理的需要、安全的需要、友爱和归属的需要、尊重的需要和自我实现的需要五个层次（后来他又提出七个层次），其中生理、安全和归属需要属于低层次的需要，尊重和自我实现的需要是高层次的需要，他认为只有低层次的需要得到部分满足以后，高层次的需要才有可能成为行为的重要决定因素。对企业员工而言，一方面，员工有共同的需要、动机和目标，才会汇聚到一起形成一个组织（企业）；另一方面，不同的员工、同一员工在不同的时期或不同的环境条件下，需要的层次又是存在差异的，当差异性的员工个人需要不能得到满足的时候，员工就会产生离开组织（企业）的动机，特别是当低层次的需要都得不到满足时，员工离职的动机会更加强烈。这种动机累积到一定程度，就会产生离职行为。

同属于内容激励型理论的赫茨伯格（F. Herzberg）的双因素理论和麦克利兰（David C. McClelland）的成就需要激励理论也为分析员工离职问题提供了类似的理论支持。

2. 期望理论

期望理论属于过程激励型理论，理论研究的重点是从动机的产生到行为的出现的心理过程。弗鲁姆（V. H. Vroom）于 1964 年提出的期望理论，是激励理论中为数极少的量化分析理论。其基本公式是：$M = \sum V \times E$（M 是激励力量，指调动一个人的积极性、激发人内部潜力的强度；V 是效价，指达到目标对于满足个人需要的价值；E 是期望值，指个人根据经验判断达到某种目标的把握程度，即能够达到目标的主观概率）。这个公式说明，人的积极性被调动的大小取决于期望值与效价的乘积。也就是说，一个人对目标的把握越大，估计达到目标的概率越高，激发起的动力越强烈，其积极性也就越大；反之，激励力就越小，消极性就越大。用通俗的话说，期望理论认为，人们之所以采取某种行为，是因为他觉得这种行为可以有把握地达到某种结果，并且这种结果对其有足够的价值。换言之，动机激励力量的大小取决于人们认为在多大程度上可以达到预计的结果，以及自己的努力对于个人需要的满足是否有意义。期望理论主要在以下几个方面被用于员工离职研究：第一，企业中员工的期望目标是多元的，员工自己有薪酬期望、成就期望和机会期望等目标，企业对员工有工作任务、产量、利润等目标。若目标太多、太高，或太少、太低，脱离员工和企业的实际，不仅不能对员工起激励作用，反而还会使员工丧失信心，员工离职的频率会上升。第二，企业必须信守承诺，如果员工完成了企业的目标，企业就必须兑现员工的目标，比如薪资、奖励、晋升、培训等目标；即只有劳资双方的目标同时实现，劳动关系才稳定，否则员工的主动离职率也会上升。第三，对员工实行按需激励，可以增强激励力，即根据员工的不同需要选择员工感兴趣、效价高的激励手段进行激励；否则，一部分员工受到激励，激发出潜力，而另一部分员工缺乏激励，选择消极应对，发展到最后就会离职。

3. 公平理论

公平理论最早由美国行为科学家亚当斯（J. S. Adams）提出，也属于过程激励理论。公平理论重点讨论了企业所支付薪资的公平性对员工工作积极性的影响，这直接影响到离职倾向和离职行为。

公平理论在其发展过程中经历了单因素、双因素、三因素、四因素几个阶段。20 世纪 60 年代，以亚当斯为代表的学者们认为组织公平是单因素结构，他们讨论的公平主要集中于分配公平的维度。所谓分配公平，是指员工对组织内分配结果是否公平的主观判断与感知，故也称为结果公平。70 年代，出现了双因素论，在分配公平的基础上增加了程序公平。所谓程序公平，是指在资源分配过程中所使用的程序、所经历的过程的公平性。80 年代，出现了三因素论，又在双因素论的基础上增加了互动公平。所谓互动公平，是指在决策过程中当权者对待员工时所表现出来的诚实、以礼相待和关心程度，以及对决策结果进行解释的程度。90 年代，Greenberg 将互动公平细分为人际公平和信息公平，四因素论出现了。人际公平是指领导者对待员工的诚实、尊重和关心的程度，信息公平是指领导者向员工传达和解释相关信息的程度。

公平理论认为，促使员工积极工作的原因主要有两个方面：一方面是企业支付给员工的薪资报酬，另一方面是在企业支付报酬过程中能被员工所感知到的公平程度，这种公平不仅仅指分配公平，还包括程序公平和互动公平（人际和信息公平）。员工总会自觉或不自觉地将自己在工作中所获得的报酬与所付出的劳动横向同他人或纵向同过去的自己进行比较，并做出公平性判断。若对比结果比较满意，员工则会产生组织公平感，认为自己得到了合理报偿，受到了应有的关心和尊重，从而保持既有的工作状态；若对比结果不满意，员工则会产生组织不公平感。在这种情况下，员工会采取的积极做法是主动要求增加薪酬、平等对待、体现存在感和价值感，消极做法是减少付出甚至怠工，或要求企业减少他人的报酬，进而达到感知上的公平。若这种不公平感一直存在，则会使员工逐渐产生离职倾向，出现离职行为。

（三）薪酬理论与员工离职

薪酬有多个功能，但从员工的角度来看，主要有两个功能：其一是保障功能，即保障员工的生存和发展；其二是激励功能，即激发员工的积极性和创造性。如果薪酬的这两个功能没有得到体现，员工留在组织的意愿会越来越弱，所以很多时候，员工离职都与薪酬有关。但是，在分析员工离职问题的时候，除了使用薪酬理论，往往还会使用激励理论。本书主要介绍与员工离职直接相关的关于薪酬本身的一些理论，主要是薪酬水平理论、薪酬结构理论、薪酬支付理论和薪酬公平理论。

1. 薪酬水平理论

薪酬水平是一个相对概念，是指雇主或企业支付给不同岗位的员工的平均薪酬。薪酬水平高低直接影响企业在劳动力市场上获取劳动力能力的强弱，进而影响企业的竞争力强弱。影响薪酬水平的因素很多，主要的是岗位职责要求、员工的技能水平和业绩、劳动力市场供求情况、企业的经营状况及薪酬策略、国家的相关法律和政策等。企业薪酬水平策略一般有三种：领先型薪酬水平，即企业里某个岗位的薪酬水平高于外部劳动力市场、同行企业、同地区企业的薪酬水平；跟随型薪酬水平，即企业里某个岗位的薪酬水平持平或略低于外部劳动力市场、同行企业、同地区企业的薪酬水平；滞后型薪酬水平，即企业里某个岗位的薪酬水平明显低于外部劳动力市场、同行企业、同地区企业的薪酬水平。薪酬水平到底多高才合适，很难有一个明确的答案，在实践中往往是员工与雇主之间为各自利益博弈得出的结果。员工为了自己的利益最大化，希望薪酬水平越高越好；雇主为了利润最大化，希望人力成本越低越好；国家为了维护正常的市场环境，要求根据当地的社会经济情况规定最低工资标准。很显然，薪酬水平低于地方政府规定的最低工资标准的企业，其支付的薪酬不足以解决员工的生存问题，不仅存在员工离职的风险，还会面临法律诉讼的风险；执行跟随型和滞后型薪酬水平策略的企业，其薪酬也不具有市场竞争力，很难留住优秀人才，员工离职的风险也很大。

2. 薪酬结构理论

薪酬结构是指组织中各种工作或岗位的薪酬构成及各类薪酬的比例关系，包括薪酬的构成要素和不同层次工作之间报酬差异的相对比值、绝对水平。薪酬结构一般有三种模式，第一种是高弹性薪酬模式，重在激励，绩效薪酬是薪酬的主要组成部分，基本薪酬、福利等所占比例非常低；第二种是高稳定薪酬模式，基本薪酬是薪酬的主要组成部分，绩效薪酬所占的比例非常低；第三种是调和型薪酬模式，这是一种既有激励性又有稳定性的薪酬模式，绩效薪酬和基本薪酬各占一定的比例。很显然，三种薪酬结构模式吸引和排斥着不同类型的员工。第一种模式固定收入低，变动收入高，激励性很强，对素质高、能力强、有闯劲、善创新、年轻有为的员工有很强的吸引力，对于普通员工没有吸引力，对于年龄较大、掌握的技术陈旧、适应力较差的员工来说更是缺乏安全感，有员工离职的风险；第二种模式与第一种模式相反，更适合基层员工，不适合富有创新精神、追求效率的员工，他们可能会主动离职。

另外，在薪酬结构中，经济薪酬（货币薪酬）与非经济薪酬的比例关系也会导致不同的员工做出不同的去留决策。一般来讲，前者的比例大，后者比例小，更容易留住基层员工，而可能导致高层员工离职；相反，则中高层员工更有发展空间和成就感，而底层员工的离职风险更大。

3. 薪酬支付理论

薪酬支付理论是关于薪酬支付策略的理论。薪酬支付策略是企业关于薪酬支付的计量形式和支付周期的政策规定。一般情况下，薪酬支付的计量形式有现金（货币）和股票两种，薪酬支付周期有即期（通常以月或年为单位）和递延（延期）两种。最常见的薪酬支付策略是即期现金支付，即企业当期以现金货币的形式支付员工薪酬，这种薪酬支付方式受到大多数员工的欢迎，因为它给予员工付出劳动的回报最直接、最简单，也最容易量化评价，但是，它的激励和约束效应比较短暂，不太适合企业的经营者、中高层管理人员和核心技术人员。针对这类员工，通常实行递延支付策略，即企业在未来几年（通常一个聘期）中根据经营业绩决定前期的薪酬是否发放、发放多少、时间进度怎样的一种支付方式，包括递延现金支付、递延股票支付两种具体形式。这种支付方式将员工的个人利益与企业的长远发展结合起来，充分地体现风险—收益对称的原则，进而对特定的员工产生更大的激励与约束效应。企业的薪酬支付策略对员工离职产生直接影响，近年比较常见的劳动纠纷和离职诉讼是企业不能按时发放薪酬、出现工资拖欠现象导致的。还有一种薪酬支付方式——延期实物支付，即企业不能即期按时支付员工货币薪酬，在年底或员工离职的时候，企业以自产产品（实物）抵扣薪酬。这种非正常的薪酬支付策略是员工主动离职的直接原因。

4. 薪酬公平理论

薪酬设置的一个基本原则是保证内部的公平性，薪酬设置的一个基本功能是实现激励性。可见，薪酬公平是薪酬理论的重要内容，也是薪酬制度的必然要求。薪酬公平包括：第一，外部公平，即企业的薪酬水平必须充分考虑市场的整体薪酬水平和薪酬实践趋势，以体现出市场竞争力；第二，内部公平，即企业内部的职位与职位之间的等级必须保持相对公平，以达到激励效果；第三，个人公平，即员工薪酬的一部分应该与公司、部门或个人绩效结合起来，体现绩效文化；第四，程序公平，即薪酬管理的具体操作程序应该体现出公开性和公正性。员工在评估薪酬的公平性时，如果认为不公平，其薪酬满意度将降低，就会产生各种负面反应，如出现离职与怠工等行为。如果不满足是因为外部公平性不佳，即企业薪酬低于市场薪酬，员工可能以离职作为回应，向外寻找高薪的工作；如果不满足是由于内部公平性不高，员工认为自己没有被平等对待，受到了歧视，就会对企业失去信心，也可能主动离职。

第四章　员工离职管理实证研究（一）：基于工作嵌入视角

一、理论模型：分别以工作嵌入、组织匹配和嵌入满意度为中介

通过第二章对已有研究文献的梳理，可以看出工作嵌入与离职的关系已经被许多学者研究验证过。在工作嵌入方面，大多数学者都是在工作嵌入的感知层面展开研究，探究工作嵌入与其他变量间的影响关系，较少从企业嵌入干预角度出发，探究嵌入干预过程中可能产生的负面影响。

工作嵌入在以往的研究中常以中介或调节变量的形式被纳入模型，本书将从探究工作嵌入在职业规划对离职意愿影响过程中的作用出发，基于需要层次理论及相关研究将组织匹配维度单独放入模型，进一步探究组织匹配维度在职业规划对离职意愿产生影响时的作用。这部分研究的自变量为职业规划，因变量为离职意愿，中介变量分别为工作嵌入与组织匹配。模型如图 4-1、4-2 所示。

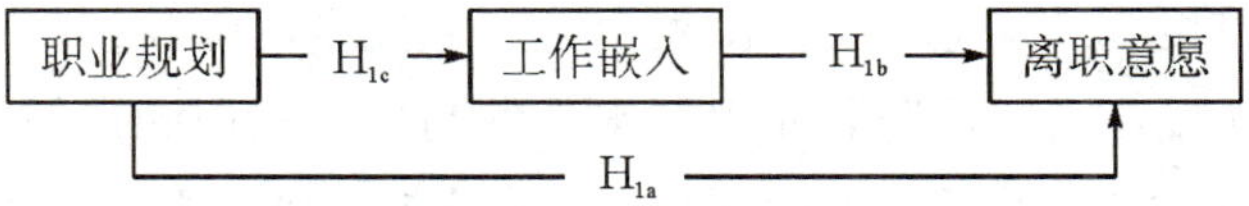

图 4-1　工作嵌入、职业规划与离职意愿的理论模型

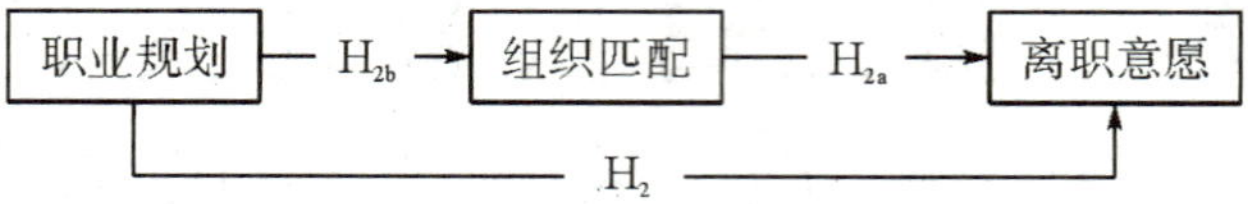

图 4-2　职业规划、组织匹配与离职意愿的理论模型

为探究嵌入干预过程的影响机制，参考工作满意度的影响机理，将嵌入满意度纳入研究模型。该模型将工作嵌入中可被企业影响干预的组织联系维度设置为自变量，将离职意愿设置为因变量，将嵌入满意度设置为中介变量。模型如图 4-3 所示。

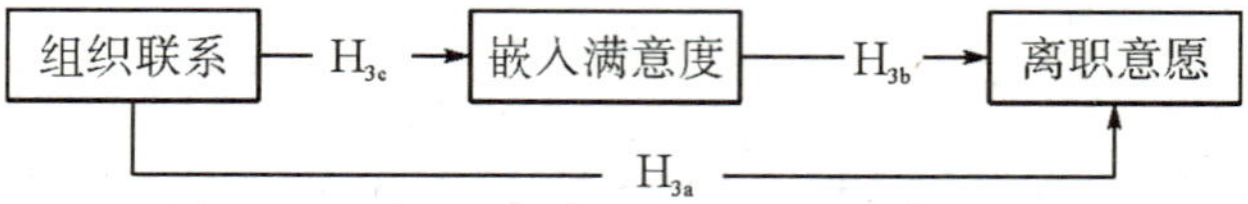

图 4-3　组织联系、嵌入满意度与离职意愿的理论模型

为进一步探究嵌入干预可能产生的负面影响，本书基于自我决定理论及相关研究，将企业进行嵌入干预时给予员工的参与自由度纳入模型，探究参与自由度对企业嵌入干预后员工的嵌入满意度的影响。

二、研究假设

（一）基于工作嵌入中介作用的职业规划与离职意愿的关系

通过对已有研究文献的梳理，可以知道职业规划有两个研究方向：一个方向是主要从职业生涯规划的过程出发，将职业规划划分为职业生涯目标、职业生涯策略、自我认知、了解组织、生涯探索、生涯信念、向上沟通能力七个维度，从这七个维度出发探究职业规划的影响；另一个方向是从职业决策角度出发，探究职业规划水平的高低，从而测量被调查者的职业规划清晰程度。这两个研究方向一个更偏向于描述职业规划过程的影响，另一种更偏向于描述职业规划结果的影响。基于激励理论，职业规划越清晰，意味着员工越清楚自己的需求，这些明确的需求促使他们选择更加匹配自己需求的职业与企业。本书第二章的文献梳理部分指出已有研究证实职业生涯规划与员工离职意愿之间存在显著的相关关系，当员工拥有清晰的个人职业生涯目标时，在岗员工的离职倾向将减弱。

工作嵌入与员工离职意愿之间关系的研究近年来受到众多学者的关注。通过文献梳理可知，工作嵌入对员工离职意愿的显著负向影响已被多次证实，其中工作嵌入的中介作用也多次被学者讨论。如许欣曾（2020）在探究组织伦理氛围对企业外派回任员工离职倾向的影响时，认为工作嵌入可在组织伦理氛围与员工离职倾向之间起到部分中介作用。根据双因素理论，保健因素可以消除员工的不满情绪，工作嵌入作为一种“阻止员工个体离开组织的力量”的总称，也可被理解为企业组织中的一种保健因素，即当员工与企业拥有较高的工作嵌入程度时，员工将难以产生想要离职的不满情绪。职业规划清晰的新生代员工个体在进行职业选择并投入工作后，随着与企业的不断深入融合，其个人规划的职业成长路径与企业提供的资源相互适应，员工感受到正向激励的同时其工作嵌入程度逐步加深，这表明职业规划越清晰的员工，其入职后的工作嵌入感知程度越高。根据上述分析，针对职业规划、工作嵌入以及离职意愿之间的关系提出如下假设：

H_1：工作嵌入在职业规划对离职意愿的影响过程中起中介作用。

H_{1a}：职业规划对离职意愿具有显著负向影响。

H_{1b}：工作嵌入对离职意愿具有显著负向影响。

H_{1c}：职业规划对工作嵌入具有显著正向影响。

（二）基于组织匹配中介作用的职业规划与离职意愿的关系

根据马斯洛的需要层次理论，每个个体都有各种需要。对于新生代员工来说，更快地融入组织群体、与组织产生良好的匹配关系是他们刚进入职场时迫切想要得到满足的归属的需要。从组织与个人匹配的角度来看，当员工个人与所在组织有良好的匹配关系时，有利于员工个体为了组织的目标进行有效协作。Yu（2016）通过实证研究证实员工与企业的价值观一致性较高即企业与员工的价值观匹配度较高时，员工会更认同企业的组织文化、价值观，也将更加积极主动地去完成组织交付的任务、更好地利用自身的工作能力并拥有较高的工作满意度，在这种情况下员工的离职意愿将会降低。

职业规划的目的是通过职业规划这一过程进行自我认知，根据自我认知结果设定合理的职业生涯目标并不断进行修正。结合需要层次理论，我们可以把职业规划理解为个体明确职业需求的过程，当个体的职业需求在组织中可以得到匹配与满足时，员工将更愿意留在组织中，即职业规划可以通过员工个人组织的匹配程度来影响员工的离职意愿。由此提出以下假设：

H_2：组织匹配在职业规划对离职意愿的影响过程中起中介作用。

H_{2a}：组织匹配对离职意愿具有显著负向影响。

H_{2b}：职业规划对组织匹配具有显著正向影响。

（三）基于嵌入满意的中介作用的组织联系与离职意愿的关系

企业可通过组织各类团体活动、进行企业文化培训等方式为在职员工提供更多工作业务往来之外的相互联系的机会，以此来加强员工的组织联系。企业中这类在工作业务往来之外被联系到一起的群体可被理解为企业中的非正式组织。周建波（2019）认为企业的非正式组织文化很大程度上由非正式组织中的成员的日常行为文化构成。通过对非正式组织的研究，可帮助企业解构组织内部的结构态势，从真正意义上对组织内部文化构成与外部文化嵌入等方面展开更加深入的研究。从工作嵌入角度来看，组织联系是企业可以通过各类活动进行有效影响的一个维度，组织联系的强弱也可反映出员工工作嵌入程度的深浅。我们探讨的企业层面的嵌入干预就是在非正式组织的基础上进行的，但与传统意义上的企业非正式组织有所不同的地方在于，企业进行嵌入干预时会引导员工加入管理层所设置的各类非正式组织，而员工并不能完全自由选择参加与否。在这样带有一定强制意味的活动中，企业进行嵌入干预的效果可能会大打折扣。

通过对工作嵌入相关的研究文献的梳理，可以发现众多有关工作嵌入与各变量之间关系的研究缺少从企业嵌入干预角度出发探究工作嵌入影响效果的研究。结合工作嵌入所涵盖的维度，我们认为企业可从组织联系这一维度对员工进行嵌入干预。企业可以通过增加非正式组织活动的方式，鼓励员工参与到组织活动中，以此增加组织联结，使员工个人与企业形成更深层次、更为紧密的嵌入关系，降低员工的离职意愿。为深入探讨嵌入干预的效果，我们借鉴工作满意度的理念，对企业嵌入干预进行满意度评价。满意度评价分为正面的满意程度评价与负面的不满意程度评价两个部分。正面的评价用于测量员工对企业中的各类非正式活动的满意程度，包括对一起搭档工作的人、活动形式、活动频率、活动时长以及活动的有效性五个方面，负面的评价包括业余时间的占用、放弃原有计划两个方面。

基于过程激励理论，员工的嵌入满意度较高，意味着企业采取的嵌入干预措施可被员工接受，且能满足员工对这类活动的期望。企业的嵌入干预会使员工感到与企业间的联系加强，在企业中产生更强的归属感，进而继续参与之后的嵌入干预活动，从而形成良性循环，也就越不易产生离职的意愿。同时参考工作满意度在员工离职问题上的影响，例如皮丹丹等（2018）学者通过实证研究证实新生代教师的工作满意度与员工离职意愿之间存在显著负相关关系，且工作满意度在工作价值观和离职倾向之间起中介作用。本书认为当企业对在职员工进行嵌入干预时，员工的组织联系感知效果会影响到员工的嵌入满意度评价。当员工的组织联系感知程度较高时，会产生较高的嵌入满意度，进而降低离职意愿。综上所述，提出以下假设：

H_3：嵌入满意度在组织联系对离职意愿的影响中起中介作用。

H_{3a}：组织联系对离职意愿具有显著负向影响。

H_{3b}：嵌入满意度对离职意愿具有显著负向影响。

H_{3c}：组织联系对嵌入满意度具有显著正向影响。

（四）参与自由度与嵌入满意度的关系

在自我决定理论中，自主需要是三种基本心理需要之一，它指的是个体自我决定的需求。企业进行嵌入干预时并非完全按照非正式组织的模式进行，而是带有一定的强制性，要求员工尽可能多地参与其中。在这种并非完全自主选择的状态下，员工的自主需要将在一定程度上无法得到满足。陈星汶（2015）在进行员工参与管理研究时指出，只有当企业的员工能够积极主动参与组织的日常工作甚至管理决策的时候，组织才能够得到持续发展。因此在企业嵌入干预过程中，员工的参与积极性和主动性与干预的最终效果息息相关。

从行为科学的角度来看，企业的嵌入干预是通过组织各类集体活动展开的。在非强制条件下，员工参与这类集体活动的决策将受到参与成本的影响。当参与成本较高时，企业需要采取不同程度的强制来确保集体活动的顺利展开。对企业员工而言，强制的程度可通过参与自由度的感知来进行测量。本书的参与自由度指的是企业或组织给予员工自主选择是否接受嵌入干预的自由程度。在其他因素影响不变的情况下，当组织的工作嵌入程度较低时，离职倾向程度较高；企业逐步增加工作嵌入的程度（频率、时间），增加员工的组织联结，可有效减少员工离职倾向，但在企业对工作嵌入进行干预时，强制要求员工参与各类嵌入活动，员工的参与自由度较低，极有可能引起员工的不满，这种不满会直接显示在嵌入满意度上。基于上述分析，提出以下假设：

H_4：参与自由度对嵌入满意度具有显著正向影响。

三、研究设计

（一）问卷设计

根据主题与研究对象的特征，本书主要通过问卷调查的方式收集所需数据，采用的问卷主要包括三个部分。第一部分为问卷说明，该部分向被调查者说明问卷调查的目的、意义以及可能花费的时长，打消被调查者的顾虑；第二部分为个人基础信息调查，调查内容包括被调查者的性别、年龄（18~22 岁、23~30 岁、31~40 岁、40 岁以上）、学历（大专、本科、硕士及以上、其他）、所在的行业、任职时长、是否有过离职经历；第三部分为正式问卷，主要包括职业规划、工作嵌入、嵌入满意度、离职意愿四个量表，参与自由度作为单独的变量被纳入问卷。除嵌入满意度量表外，其余三张量表均使用已被众多学者验证过的成熟量表。

1. 人口统计学变量

由于本书的研究对象为新生代员工群体，因此通过出生年份对被调查对象进行筛选。相关研究指出员工的性别、年龄、学历水平，任职企业性质，任职时长都会对研究结果产生一定影响。为避免其他变量对研究结果产生影响，在进行变量间关系分析时将对这些变量进行控制。

2. 职业规划量表

本书采用的职业规划量表依据韩国学者高香子的职业规划问卷设计。由于翻译等原因，部分题目存在语义重复与表述繁复的问题。研究的目的是确定新生代员工的职业规划清晰度，因此为简化问卷并降低被调查者做问卷时的理解难度，在发放问卷之前与团队进行了交流分析，决定剔除原问卷中语意重复及表述繁复的题目，包括“虽然我觉得，如果我有才能并且给我机会的话，我可以成为自己想成为的那个人，但是事实上这是不可能的事情”等，最终确定了 4 个题目。这一部分采用李克特五点计分法，被调查者选择的分数反映了他当时的感受与想法。量表详情见 4-1。

表 4-1 职业规划量表

序号	调查题项	编号
1	我已经确定了自己的发展方向，并对此感到满意	OP_1
2	我对自己选择的行业感到满意	OP_2
3	我不容易受到别人的影响，确定自己的发展方向并不难	OP_3
4	我了解我的社会适应性和能力，可以立刻决定我的发展方向	OP_4

3. 工作嵌入量表

本书使用的工作嵌入量表为杨春江 2013 年借鉴 Mitchell 于 2001 年开发的组合量表的相关题项维度重新整理开发的组合量表，该量表共包含 23 道题目，从组织牺牲、组织联系、组织匹配、区域牺牲、区域联系、区域匹配 6 个维度来测量工作嵌入这一变量。该量表目前是学者们使用最为频繁的工作嵌入组合量表。在该量表中，对组织牺牲与组织匹配各使用 5 个题目进行测量，区域牺牲包含 4 个题目，组织联系、区域联系与区域匹配各包含 3 个题目。这一部分采用李克特五点计分法对被调查者的感知程度进行测量，1 表示“非常不同意”，2 表示“比较不同意”，3 表示“不能确定”，4 表示“比较同意”，5 表示“非常同意”，被调查者选择的分数反映了他当时的感受与想法，同时得分越高表明员工个人的工作嵌入程度越高。量表详情见 4-2。

表 4-2 工作嵌入量表

序号	调查题项	编号
1	我的工作能使我有时间、精力照顾家庭	JE_1
2	我的工资待遇不错	JE_2
3	我的工作让我感觉体面（受尊重）	JE_3
4	辞职会给我的家庭造成不小的损失	JE_4
5	工作中我有很多晋升机会	JE_5
6	我需要与同事密切协作	JE_6
7	我和企业同事相处很愉快	JE_7

表4-2(续)

序号	调查题项	编号
8	工作之余，我和同事们交往频繁	JE_8
9	工作的内容与我的专业对口	JE_9
10	工作中，我们团队（班组）合作得很好	JE_10
11	我喜欢我的工作	JE_11
12	我的工作有助于我专业技术水平的提高	JE_12
13	我的工作有助于我实现我的个人理想	JE_13
14	我工作的城市方便我照顾父母	JE_14
15	我很难离开我工作的城市	JE_15
16	我不会轻易地到外地找工作	JE_16
17	离开这个城市我会损失很多	JE_17
18	我的亲属大多生活在这个城市	JE_18
19	我在这个城市有很多社会关系	JE_19
20	我和家人同住在这个城市	JE_20
21	我喜欢这个城市	JE_21
22	我喜欢这里的生活节奏和风土人情	JE_22
23	我熟悉这个城市，并习惯在这里生活	JE_23

4. 嵌入满意度量表及参与自由度

本书采用的嵌入满意度量表是借鉴工作满意度的评估方法整理设计而成的评价量表，它主要用于被调查者对工作嵌入过程中组织提供的用于加强组织联系、加大嵌入程度的集体活动进行评价。该量表包含六个题项，利用李克特五点计分法，分别从活动搭档、活动形式、活动频率、活动时长安排满意度四个方面设置题项，对嵌入满意度做正向测量。其中，1 表示“非常不同意”，2 表示“不太同意”，3 表示“不确定”，4 表示“比较同意”，5 表示“非常同意”，被调查者选择的分数反映了他当时的感受与想法。此外，剩余两个题项反映嵌入活动引起的负面情绪感知，分别从占用休息时间、放弃原有计划两个角度进行测量。得分越高，表明被调查者对嵌入活动的不满意程度越高。对嵌入参与自由度进行测量时，使用了三个选项：“完全自由选择”记为 3，“部分自由选择”记为 2，“完全强制参与”记为1。分数越高，表明员工参与自由度越高。量表详情见表4-3。

表4-3 嵌入满意度量表

序号	调查题项	编号
1	我对现在和我一起搭档工作的同事感到满意	ES_1
2	我对现在公司的各项业余活动的形式感到满意	ES_2
3	我对现在公司组织各类活动的频率感到满意	ES_3
4	我很满意现在公司各类活动的时长安排	ES_4
5	现在公司的各种业余活动占用了我很多休息时间	ES_5
6	我不得不放弃原有计划，参与公司组织的业余活动	ES_6

5. 离职意愿量表

本书使用的离职意愿量表借鉴了樊景立等学者开发的量表，该量表已被众多学者采用，信效度良好。该量表由四道题目组成，其中一道题为反向题目，其得分越高，表明员工越不愿离开现有工作企业。其余三道题得分越高，表明被调查者越想离开现在的工作企业。本部分量表同样采取李克特五点计分法对被调查者的选择结果做记录，其中1表示“非常不符合”，2表示“不太符合”，3表示“不确定”，4表示“比较符合”，5表示“非常符合”，被调查者选择的分数反映了他当时的感受与想法。量表详情见表4-4。

表4-4 离职意愿量表

序号	调查题项	编号
1	我非常希望离开目前这家公司	TI_1
2	我计划在这家公司做长期的职业发展	TI_2
3	我常常对目前的工作感到厌烦，想要换个新工作	TI_3
4	在未来半年内，我很可能会离开目前这家公司	TI_4

（二）调研设计：对象选择与样本描述

本书所涉及的主要变量共有六个，其中工作嵌入可根据研究需要拆分为包括组织牺牲、组织联系、组织匹配、组织嵌入、区域牺牲、区域联系、区域匹配、区域嵌入在内的八个分层变量和工作嵌入这一整体变量。

在工作嵌入影响差异性研究中，人口统计学变量共包含六个分类变量，离职变量为分类变量，“0”表示有离职行为产生，“1”表示无离职行为产生。在建立与工作嵌入相关的中介模型时，第一个中介模型中的自变量是职业规划，因变量为离职意愿，中介变量分别是工作嵌入、组织匹配与区域匹配，第二个模型中的自变量为组织联系，因变量为离职意愿，中介变量为嵌入满意度。两个中介模型中的控制变量均设置为性别、年龄、学历水平、任职时长、企业性质。

1. 确定调研对象

根据文献梳理部分对新生代员工的定义，本书的研究对象为出生于1980—2000 年，来自全国各地区、各企业、各层级的新生代员工。

2. 调研问卷的回收与甄别

调研共收集到问卷 348 份。因调研问卷题量较大，在分析前利用问卷平台自动记录的填写时间对问卷进行了筛选。经过测试，填完一份问卷最少用时为 1 分钟，因此剔除填写用时小于 60 秒的问卷 12 份；根据研究对象限制，删除 2000 年以后与 1980 年之前出生的员工的问卷 1 份；本书设计了反向题项，用于剔除未认真作答的样本数据，因此删除问卷数据方差为 0 的数据 45 份。最终可用于研究工作嵌入等相关变量的有效问卷共 290 份，有效率为 83. 3%。为避免混淆，在之后的所有描述统计中，除单独说明之外，样本总量均记为 $N=290$。

3. 数据描述

调研共收集到来自 21 个省（自治区、直辖市）共 55 份不同城市的问卷。从性别构成来看，男性占 40. 7%，女性占 59. 3%，性别比例较为均衡；1980—1989 年出生的“80 后”占 11. 7%，1990—1999 年出生的“90 后”占 88. 3%；从学历水平来看，本科学历占比最大，达到 66. 2%，专科及以上样本占到 93. 4%，说明样本整体学历水平较高；从企业性质来看，民营企业占比最高，达 57. 6%；任职时长为半年以内和 1~2 年的新生代员工占比较高，分别为 40. 3%与 22. 8%；有过离职经历的占 51. 7%，无离职经历的占 48. 3%。具体情况见表 4-5。

表 4-5　问卷基本情况

变量	类别	样本数/人	百分比/%
性别	男	118	40.7
	女	172	59.3
年龄	“80 后”	34	11.7
	“90 后”	256	88.3
学历水平	大专	31	10.7
	本科	192	66.2
	硕士及以上	48	16.5
	其他	19	6.6
企业性质	民营企业	167	57.6
	国有企业	109	37.6
	外资/合资企业	14	4.8
任职时长	半年内	117	40.3
	半年到一年	61	21.0
	1~2 年	66	22.8
	3~5 年	26	9.0
	6~9 年	12	4.1
	10 年以上	8	2.8
离职情况	有离职情况	150	51.7
	无离职情况	140	48.3

4. 正态性检验

因为需要进行验证性因子分析，所以先对数据进行正态性检验，检验结果如表 4-6 所示。各项检验结果均在可接受范围内，题项测量有效，各题项偏度绝对值均小于 3，峰度绝对值均小于 10，表明样本数据基本服从正态分布，满足单变量正态性，可继续进行后续的分析。

表 4-6　正态性检验结果

维度	题项	平均	标准差	偏度	峰度	最小值	最大值
组织牺牲	JE_1	3.09	1.23	-0.15	-1.07	1	5
	JE_2	3.10	1.13	-0.34	-0.77	1	5
	JE_3	3.35	1.07	-0.61	-0.20	1	5
	JE_4	3.14	1.25	-0.20	-1.04	1	5
	JE_5	2.79	1.11	0.14	-0.62	1	5

表4-6(续)

维度	题项	平均	标准差	偏度	峰度	最小值	最大值
组织联系	JE_6	3.70	1.03	-0.93	0.49	1	5
	JE_7	3.99	0.85	-1.04	1.84	1	5
	JE_8	3.46	1.12	-0.45	-0.70	1	5
组织匹配	JE_9	3.29	1.37	-0.39	-1.14	1	5
	JE_10	3.71	0.97	-0.92	0.81	1	5
	JE_11	3.27	1.14	-0.31	-0.72	1	5
	JE_12	3.33	1.24	-0.44	-0.89	1	5
	JE_13	3.09	1.22	-0.20	-0.93	1	5
区域牺牲	JE_14	2.73	1.50	0.24	-1.43	1	5
	JE_14	3.11	1.40	-0.85	-1.30	1	5
	JE_16	3.38	1.38	-0.38	-1.14	1	5
	JE_17	3.16	1.33	-0.11	-1.17	1	5
区域联系	JE_18	2.93	1.53	0.64	-1.54	1	5
	JE_19	3.16	1.42	-0.16	-1.35	1	5
	JE_20	2.73	1.64	0.28	-1.59	1	5
区域匹配	JE_21	3.79	1.14	-0.87	0.04	1	5
	JE_22	3.71	1.16	-0.76	-0.16	1	5
	JE_23	3.81	1.12	-0.85	0.03	1	5
职业规划	OP_1	3.50	0.93	-0.50	0.28	1	5
	OP_2	3.36	1.00	-0.38	-0.32	1	5
	OP_3	3.40	1.18	-0.16	-0.98	1	5
	OP_4	3.30	1.21	-0.08	-1.11	1	5
嵌入满意度	ES_1	3.40	0.96	-0.39	-0.13	1	5
	ES_2	3.24	1.09	-0.28	-0.60	1	5
	ES_3	3.31	1.15	-0.42	-0.71	1	5
	ES_4	3.02	1.09	0.15	-0.69	1	5
	ES_5	3.24	1.16	-0.27	-0.72	1	5
	ES_6	3.28	1.13	-0.21	-0.77	1	5
离职意愿	TI_1	3.23	1.47	-0.07	-1.43	1	5
	TI_2	3.34	1.40	-0.13	-1.33	1	5
	TI_3	3.24	1.46	-0.95	-1.43	1	5
	TI_4	3.32	1.52	-0.26	-1.43	1	5

四、数据分析与假设检验

（一）量表的信效度检验

被调查群体、调查时间等因素存在差异，会导致不同学者使用相同量表时得到的信效度有所不同，因此为使本书所使用的量表达到最优质量，在对量表进行信度检验后将用探索性因子分析与验证性因子分析结合的方式再次校正量表结构及各维度内容。主要步骤是先使用探索性因子分析方法对收集到的数据进行处理，探究现有量表的真实结构，再利用结构方程模型验证现有数据下该量表的结构效度。其中探索性因子分析使用SPSS19.0软件实现，验证性因子分析通过Amos21.0软件完成，其评价参考指标为：χ^2（卡方值）越小，表示模型拟合越好；χ^2/d（卡方和自由度之比）越小，表示模型拟合度较高，当这一比值小于3时才可接受；拟合优度指数CFI、NFI、IFI、TLI的值越接近1，表明模型拟合效果越好，达到0.9及以上表明模型适配度较高；RMSEA（近似误差均方根）的值较其他值更不易受到样本的影响，该值越小，表明模型拟合效果越理想，0.08为该值的最低接受标准，当该值小于0.05时表示模型适配度较好。收敛效度将运用AVE进行计算，用于评价量表维度对于测量误差来说解释的方差总量，测量结果中AVE>0.5表明具有足够的收敛效度。区分效度用不同维度的AVE均方根与维度间相关系数进行比较，基于上述参考指标，本书所使用的量表的效度检验具体验证过程如下。

1. 职业规划量表的信效度检验

（1）探索性因子分析

通过SPSS软件中的降维分析得到本书使用的工作嵌入量表的KMO值为0.7，球形检验的p值小于0.001。根据Kaiser给出的标准，本书所使用的量表及收集到的数据适合做因子分析。采取最大方差法旋转后，提取特征值大于1的主成分。提取到1个主成分，与预期一致，累计方差解释率为61.68%，可以接受。

（2）验证性因子分析

对职业规划量表进行验证性因子分析后各指标基本达到标准，相关指标如表4-7所示。进一步进行路径系数显著性水平检验后，各题项的因子载荷均大于0.5，均显著。组合信度>0.7，AVE>0.5，表明该量表具有良好的收敛效度。其验证性因子分析如图4-4所示，其收敛效度如表4-8所示。

表4-7 职业规划量表模型拟合指数

CMIN/DF	GFI	NFI	IFI	CFI	TLI	RMSEA
3.415	0.994	0.993	0.995	0.995	0.972	0.091

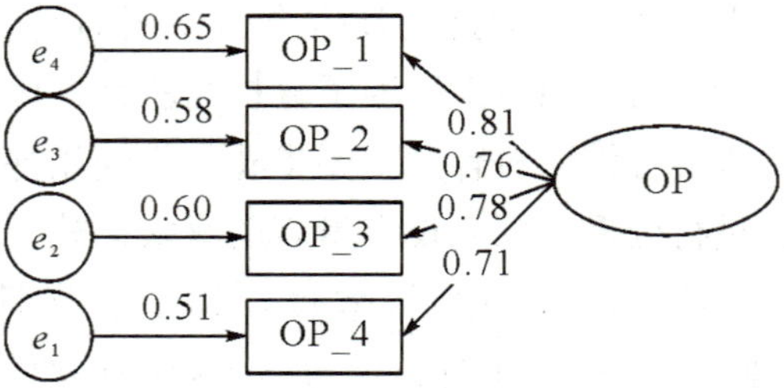

图4-4 职业规划量表的验证性因子分析

表4-8 职业规划量表的收敛效度

回归路径	SRW	C.R.	AVE
OP_4←[①]职业规划	0.715	0.857	0.6
OP_3←职业规划	0.777		
OP_2←职业规划	0.760		
OP_1←职业规划	0.809		

注："←"表示路径，下同。

（3）职业规划量表的信度检验

职业规划量表共有4道题目，回收数据后对该量表进行了信度分析，克朗巴哈系数（Cronbach'α系数）为0.894，拟合效果较好，信度分析结果如表4-9所示。

表4-9 职业规划量表信度

变量	题项	Cronbach's α
职业规划	4	0.849

2. 工作嵌入量表的信效度检验

(1) 工作嵌入量表的探索性因子分析

本书使用的工作嵌入量表为杨春江 2013 年开发的中国情景下的结构量表，该表近几年也一直被其他学者用来研究工作嵌入相关问题。2019 年杨春江再次对中国情境下的工作嵌入量进行了重新开发，但并未给出具体的量表内容，因此本书使用的工作嵌入量表也需要再次进行探索性因子分析与验证性因子分析来保证量表结构有效。通过 SPSS 软件分析得到本书使用的工作嵌入量表的 KMO 值为 0.870，球形检验的 p 值小于 0.001。根据 Kaiser 给出的标准，本书所使用的量表及收集到的数据适合做因子分析，最后提取 6 个因子，累计方差解释率为 80.49%。

对比成分矩阵结果与原有量表的维度区分情况，结合量表题目中的描述，将“家人同城”“亲属同城”“照顾父母”“社会关系同城”定义为区域联系，将编码调整为 RC；将“生活节奏风土人情”“喜欢城市”“熟悉习惯”定义为区域匹配，将编码调整为 RM；将“体面尊重”“工资待遇”“喜欢”“时间精力”定义为组织牺牲，将编码调整为 OS；将“同事相处愉快”“同事交往频繁”“同事协作”“团队合作”定义为组织联系，将编码调整为 OC；将“专业对口”“提高专业技能”“实现个人理想”定义为组织匹配，将编码调整为 OM；将“城市损失”“很难离开”“辞职损失”“外地工作”定义为区域牺牲，将编码调整为 RS。

(2) 工作嵌入量表的验证性因子分析

模型拟合指数如表 4-10 所示。各项拟合指数达到或接近确定的标准，进一步进行路径系数显著性水平检验后，各题项的因子载荷均大于 0.5，均显著，组合信度>0.7，AVE>0.5，表明该量表具有良好的收敛效度。其验证性因子分析如图 4-5 所示。工作嵌入量表的收敛效度如表 4-11 所示。

表 4-10 工作嵌入量表的模型拟合指数

CMIN/DF	GFI	NFI	IFI	CFI	TLI	RMSEA
1.85	0.917	0.912	0.967	0.967	0.882	0.054

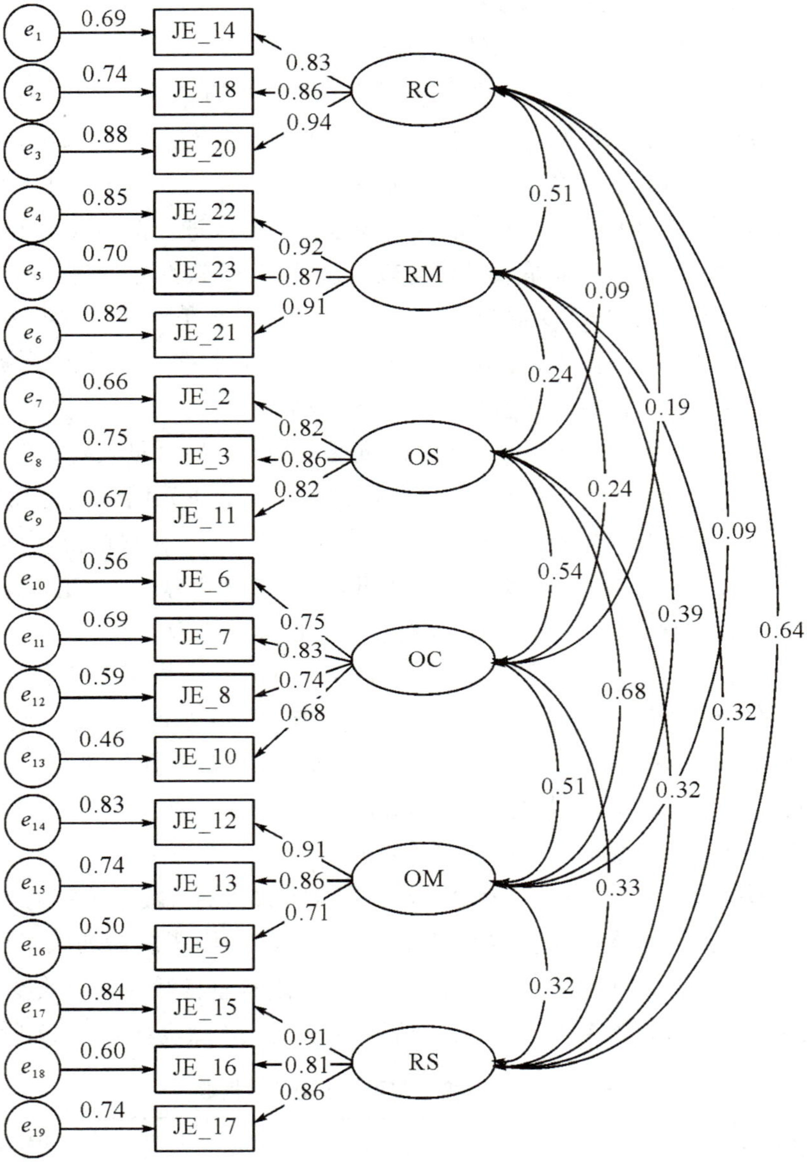

图 4-5　工作嵌入量表的验证性因子分析

注：本图仅列出关键的指标。

表 4-11　工作嵌入量表的收敛效度

回归路径	SRW	C. R.	AVE
RC_20←区域联系	0. 936	0. 91	0. 767
RC_18←区域联系	0. 859		
RC_14←区域联系	0. 829		
RM_21←区域匹配	0. 905	0. 93	0. 810
RM_23←区域匹配	0. 870		
RM_22←区域匹配	0. 921		
OS_11←组织牺牲	0. 821	0. 87	0. 690
OS_3←组织牺牲	0. 857		
OS_2←组织牺牲	0. 815		
OC_3←组织联系	0. 741	0. 84	0. 560
OC_7←组织联系	0. 830		
OC_6←组织联系	0. 747		
OC_10←组织联系	0. 677		
OM_9←组织匹配	0. 710	0. 87	0. 690
OM_13←组织匹配	0. 860		
OM_12←组织匹配	0. 910		
RS_17←区域牺牲	0. 862	0. 89	0. 750
RS_16←区域牺牲	0. 811		
RS_15←区域牺牲	0. 914		

3. 工作嵌入量表的信度检验

工作嵌入量表共有 19 道题目，其中组织牺牲维度包含 3 个题项，组织联系维度包含 4 个题项，组织匹配维度包含 3 个题项，区域牺牲维度包含 3 个题项，区域联系维度包含 3 个题项，区域匹配维度包含 3 个题项。依据已有研究结果，可将组织联系、组织匹配、组织牺牲三个维度看作工作嵌入的组织嵌入维度，该维度包含 10 个题项，区域匹配、区域牺牲、区域联系三个维度可看作区域嵌入维度，该维度包含 9 个题项。分析结果显示总量表及其各维度 Cronbach'α 系数均大于 0. 8，拟合效果较好，信度分析结果如表 4-12 所示。

表 4-12 工作嵌入量表信度

变量		维度	项数	Cronbach's α		
工作嵌入	组织嵌入	组织牺牲	3	0.868	0.884	0.899
		组织联系	4	0.827		
		组织匹配	3	0.860		
	区域嵌入	区域牺牲	3	0.895	0.913	
		区域联系	3	0.904		
		区域匹配	3	0.926		

4. 嵌入满意度量表的信效度检验

（1）嵌入满意度量表的探索性因子分析

嵌入满意度量表为借鉴工作满意度量表开发的新量表，因此需进行探索性因子分析。通过 SPSS 软件分析得到本书使用的工作嵌入量表的 KMO 值为 0.829，球形检验的 p 值小于 0.001，最后提取 6 个因子，累计方差解释率为 62.47%，可以接受。

（2）嵌入满意度的验证性因子分析

嵌入满意度量表的模型拟合指数如表 4-13 所示，各项拟合指数达到或接近确定的标准。进一步进行路径系数显著性水平检验后，各题项的因子载荷均大于 0.5，均显著，组合度>0.7，AVE>0.5，表明该量表具有良好的收敛效度，如图 4-6、表 4-14 所示。

表 4-13 嵌入满意度量表的模型拟合指数

CMIN/DF	GFI	NFI	IFI	CFI	TLI	RMSEA
3.70	0.972	0.972	0.979	0.979	0.955	0.090

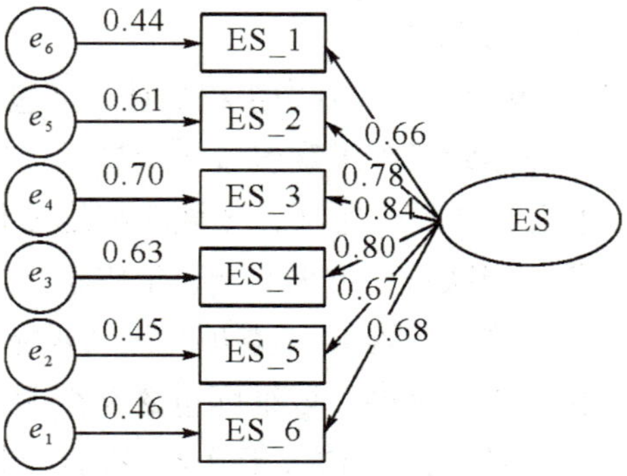

图 4-6 嵌入满意度量表的验证性因子分析

表 4-14　嵌入满意度量表的收敛效度

回归路径	SRW	C. R.	AVE
ES_6<--嵌入满意度	0. 677	0. 879	0. 55
ES_5←嵌入满意度	0. 672		
ES_4<--嵌入满意度	0. 796		
ES_3<--嵌入满意度	0. 838		
ES_2<--嵌入满意度	0. 782		
ES_1←嵌入满意度	0. 660		

（3）嵌入满意度量表的信度检验

嵌入满意度量表共有 6 道题目，回收数据后对该量表进行了信度分析，Cronbach'α 系数为 0. 880，拟合效果较好，其信度分析结果如表 4-15 所示。

表 4-15　嵌入满意度量表的信度

变量	题项	Cronbach's α
嵌入满意度	6	0. 880

5. 离职意愿量表的信效度检验

（1）离职意愿量表的探索性因子分析

离职意愿量表借鉴了成熟的量表，为保证量表检验的一致性，同样要进行探索性因子分析。通过 SPSS 软件分析得到本研究使用的离职意愿量表的 KMO 值为 0. 853，球形检验的 p 值小于 0. 001，最后提取 1 个因子，与预期相符，累计方差解释率为 85. 15%，效果较好。

（2）离职意愿量表的验证性因子分析

结构方程模型的检验结果显示，离职意愿量表拟合效果良好，各项拟合指标均达到或接近标准要求，说明有关离职意愿部分的问卷数据可以有效代表离职意愿这一变量的情况，在后续研究中可使用该量表中的数据进行相关研究分析，具体拟合情况如表 4-16 所示。进一步进行路径系数显著性水平检验后，各题项的因子载荷均大于 0. 5，均显著，组合信度>0. 7，AVE>0. 5，表明该量表具有良好的收敛效度，如图 4-7、表 4-17 所示。

表 4-16　离职意愿量表的模型拟合指数

CMIN/DF	GFI	NFI	IFI	CFI	TLI	RMSEA
2.575	0.996	0.998	0.999	0.999	0.991	0.074

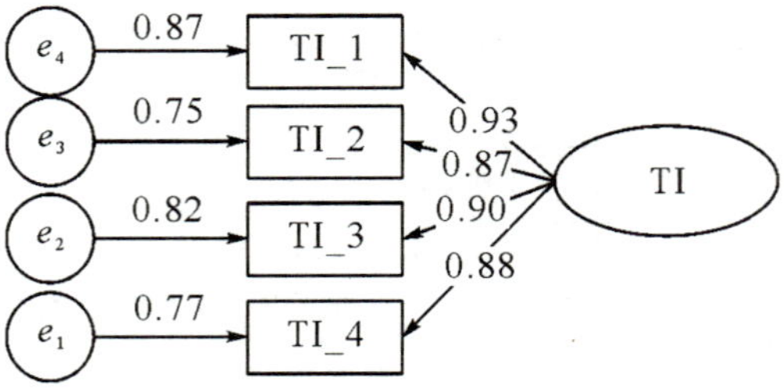

图 4-7　离职意愿量表的验证性因子分析

表 4-17　离职意愿量表收敛效度

回归路径	SRW	C. R.	AVE
TI_4←离职意愿	0.878	0.94	0.80
TI_3←离职意愿	0.904		
TI_2←离职意愿	0.866		
TI_1←离职意愿	0.935		

（3）离职意愿量表的信度检验

离职意愿量表包含 4 道题目，通过信度检验分析后结果如表 4-18 所示，结果显示离职意愿量表信度系数达到 0.942，可信度较高。

表 4-18　嵌入满意度、离职意愿量表的信度

变量	题项	Cronbach's α
离职意愿	4	0.942

6. 区分效度检验

本书将使用量表各维度的 $\sqrt{AVE}$ 值与其他各维度间的相关系数做比较，比较结果如表 4-19 所示。结果表明各维度间存在显著相关关系，任意两维度间相关系数均小于各自维度的 $\sqrt{AVE}$ 值，表明各维度间存在足够的区分效度，各概念之间有较好的差异性。

表 4-19　量表各维度的区分效度检验结果

维度	M	SD	OP	RC	RM	RS	OC	OM	OS	ES	TI
OP	3.13	0.83	**0.77**								
RC	2.79	1.43	-0.04	**0.88**							
RM	3.77	1.06	0.17	0.48	**0.90**						
RS	3.21	1.25	0.09	0.60	0.62	**0.87**					
OC	3.73	0.78	0.25	0.19	0.35	0.32	**0.75**				
OM	3.25	1.08	0.34	0.08	0.26	0.29	0.46	**0.83**			
OS	3.27	0.95	0.43	0.08	0.22	0.28	0.45	0.60	**0.83**		
ES	3.24	0.80	0.21	0.07	0.12	0.16	0.40	0.27	0.40	**0.74**	
TI	3.28	1.35	-0.57	-0.04	-0.16	-0.17	-0.24	-0.40	-0.49	-0.26	**0.89**

注：表中对角线上加粗的值为 $\sqrt{AVE}$ 值。

（二）共同方法偏差检验

本书采用 Harman 单因素检验进行共同方法偏差的检验，利用 SPSS 软件进行不旋转的因子分析，分析结果析出 7 个公共因子。第一个公共因子的解释率为 28.87%（小于最低标准 50%），表明不存在共同方法偏差问题，可进行后续检验分析。

（三）工作嵌入在人口统计学变量上的影响差异分析

从性别差异层面来看，性别为分类变量，包含“男”“女”两个类别，因此选择使用独立样本 *T* 检验对工作嵌入的影响进行差异分析，检验结果显示工作嵌入以及工作嵌入的各维度在员工性别变量上无显著差异，也就是说不同性别的员工无明显工作嵌入感知差异。

从年龄层面来看，年龄段变量含有两个分组，分别为“80 后”“90 后”。“80 后”指的是生于 1980—1990 年的新生代员工，“90 后”指的是生于 1990 年之后的新生代员工。该部分使用独立样本 *T* 检验验证工作嵌入的影响差异。结果表明，只有区域牺牲在“80 后”“90 后”之间的影响存在显著差异，“80 后”的区域牺牲的均值为 3.715 7，高于“90 后”的 3.147 1，说明“80 后”较“90 后”更加难以离开现有的工作城市，对工作地区的依赖程度更高，也更期望获得安定的生活。

从学历水平层面来看，学历水平有三个分类，因此采用单因素方差分析探究工作嵌入在学历水平上的影响差异。在进行单因素方差分析之前，需要先进行方差齐性检验，检验结果显示工作嵌入、组织牺牲、组织匹配、区域联系四个变量的 p 值均大于 0.05，这一结果表示这四个变量的方差是齐的，可以针对这四个变量进一步进行单因素方差分析。单因素方差分析结果显示工作嵌入、组织牺牲、组织匹配三个变量的 p 值均小于 0.05，即学历情况在这三个变量间存在显著差异。经过多重比较后，具体差异情况如表 4-20 所示。

表 4-20　工作嵌入在学历水平上的差异比较

因变量	(I) 学历	(J) 学历	均值差 ($I-J$)	标准误	显著性	95% 置信区间	
						下限	上限
JE	专科	其他	0.403	0.209	0.055	-0.008 7	0.814 2
		本科	-0.146	0.139	0.295	-0.419 0	0.127 7
	本科	其他	0.548*	0.173	0.002	0.208 8	0.888 0
		硕士及以上	-0.251*	0.116	0.031	-0.478 8	-0.023 1
	硕士及以及	其他	0.800*	0.194	0.000	0.416 6	1.182 1
		专科	0.400*	0.165	0.017	0.071 2	0.722 0
OS	专科	其他	0.001	0.260	0.998	-0.510 9	0.512 0
		本科	-0.405*	0.173	0.02	-0.745 2	-0.065 6
	本科	其他	0.406	0.214	0.059	-0.016 2	0.828 1
		硕士及以上	-0.255	0.144	0.077	-0.538 5	0.028 1
	硕士及以及	其他	0.661*	0.242	0.007	0.185 4	1.136 9
		专科	0.661*	0.205	0.001	0.256 2	1.065 1
OM	专科	其他	0.321	0.300	0.284	-0.268 4	0.911 3
		本科	-0.312	0.199	0.117	-0.704 6	0.079 1
	本科	其他	0.634*	0.247	0.011	0.147 3	1.121 1
		硕士及以上	-0.377*	0.166	0.024	-0.703 4	-0.050 0
	硕士及以及	其他	1.011*	0.279	0.000	0.462 2	1.559 7
		专科	0.690*	0.237	0.004	0.223 0	1.156 0

表4-20(续)

因变量	(I) 学历	(J) 学历	均值差 ($I-J$)	标准误	显著性	95% 置信区间	
						下限	上限
RC	专科	其他	0.684	0.414	0.100	-0.131 2	1.498 5
		本科	-0.015	0.275	0.957	-0.556 1	0.526 6
	本科	其他	0.698*	0.342	0.042	0.025 7	1.371 0
		硕士及以上	-0.137	0.229	0.55	-0.588 5	0.314 2
	硕士及以及	其他	0.836*	0.385	0.031	0.077 5	1.593 6
		专科	0.152	0.327	0.643	-0.492 5	0.796 3

注：* 表示均值差的显著性水平为 0.05。

分析结果显示工作嵌入在“本科”“硕士及以上”“其他”组间存在显著差异，本科学历人群比专科以下学历人群的工作嵌入感知程度高（+0.548），比硕士及以上学历人群低（-0.251），硕士及以上人群比专科及以下学历人群工作嵌入感知程度高（+0.800）。“硕士及以上”“专科”组间差异显著，硕士及以上学历人群比专科学历人群工作嵌入感知程度高（+0.400）。综合来看，硕士及以上学历人群的工作嵌入整体感知程度要显著高于其他学历水平人群。

组织牺牲在“专科”“本科”组间存在显著差异，本科学历人群比专科学历人群组织牺牲感知程度高（-0.405）。组织牺牲在“硕士及以上”“其他”“专科”组间存在显著差异，硕士及以上学历人群的组织牺牲感知程度比专科以下学历人群高（+0.661），比专科学历人群高（+0.661）。

组织匹配在“本科”“其他”“硕士及以上”组间存在显著差异，本科学历人群比专科及以下学历人群的组织匹配感知程度高（+0.634），本科学历人群比硕士及以上学历人群的组织匹配感知程度低（-0.377）。组织匹配在“硕士及以上”“其他”“专科”组织间存在显著差异，硕士及以上学历人群比专科以下学历人群的组织匹配感知程度高（+1.011），比专科学历人群的组织匹配感知程度高（+0.690）。

区域联系在“本科”“其他”“硕士及以上”组间存在显著差异，本科学历人群比专科以下学历人群区域联系感知程度高（+0.698），硕士及以上学历人群比专科以下学历人群区域联系感知程度高（+0.836）。

综合上述分析结果可知，学历水平越高，对工作嵌入的感知程度越深。从组织牺牲维度来看，学历更高的群体更易感知到离开组织将付出的成本，在组织牺牲维度上的感知水平更高；从区域匹配维度来看，高学历人群更易融入组织并与组织形成良好的匹配关系；从区域联系维度来看，此次调查人群中学历较高的个人所在的城市拥有更多的社会关系，导致其区域联系感知程度更高。

从任职时长层面来看，任职时长变量有 6 个分组，因此采用单因素方差分析来验证工作嵌入的影响差异，经方差齐性检验后除区域联系与区域牺牲外其余各维度 p 值均大于 0.05，因此可对除区域联系与区域牺牲外的 7 个维度进行方差分析。方差分析结果显示组织匹配在“6~9 年”“半年内”组间存在显著差异，任职半年内的人群比任职 6~9 年的人群组织匹配度更高（+0.659）。从组织匹配的变量构成来看，相较于入职较长时间且已经处于事业稳定期的人群，刚入职半年的员工更在意与组织的匹配程度，包括专业技能的提升、个人理想的实现等。区域嵌入在“10 年以上”“半年内”组间存在显著差异，任职 10 年以上的人群较入职半年的人群区域嵌入感知程度更高（+0.774）。说明任职时间越长，员工的区域嵌入程度会越高。

从企业性质层面来看，企业性质变量有三个分组，因此使用单因素方差分析检验工作嵌入的影响差异，除区域牺牲以外，工作嵌入、组织牺牲、组织匹配、组织联系、区域联系、区域匹配、组织嵌入、区域嵌入的方差齐性检验 p 值均大于 0.05，表明方差是齐的，可以进行方差分析，方差分析后未得到存在显著差异的结果。

（四）工作嵌入、组织匹配、职业规划与离职意愿之间关系的假设检验

1. 工作嵌入、组织匹配、职业规划、离职意愿的相关分析

在回归分析前对离职意愿、职业规划、工作嵌入、组织匹配以及控制变量进行相关分析，根据表 4-21 的分析结果可知，职业规划与离职意愿的相关系数为-0.57（$p<0.01$），表明职业规划与离职意愿间存在显著负向相关关系，假设 H_{1a}得到初步证实；工作嵌入与离职意愿的相关系数为-0.35（$p<0.01$），表明工作嵌入与离职意愿间存在显著负向相关关系，假设 H_{1b}得到初步证实；职业规划与工作嵌入的相关系数为 0.28（$p<0.01$），表明职业规划与工作嵌入间存在显著的正向相关关系，假设 H_{1c}得到初步证实；组织匹配与离职意愿的相关系数为-0.40（$p<0.01$），表明组织匹配与离职意愿之间存在显著负向相关关系，假设 H_{2a}得到初步证实；职业

规划与组织匹配的相关系数为 0.34（$p<0.01$），表明职业规划与组织匹配间存在显著正向相关关系，假设 H_{2b} 得到初步证实。

综上所述，离职意愿、职业规划、工作嵌入、组织匹配各变量之间存在显著相关关系，为后续回归分析提供了必要的条件。控制变量与各维度间存在不同程度的相关关系，因此有必要将这五个人口统计学变量设置为控制变量，各变量间的相关分析结果以及方差均值如表 4-21 所示。

表 4-21　职业规划、工作嵌入、组织匹配、离职意愿的相关分析

变量	性别	年龄	学历	企业性质	任职时长	TI	OP	JE	OM
1	1								
2	-0.03	1							
3	0.18**	0.08	1						
4	0.15**	0.14*	0.14*	1					
5	-0.04	0.49**	-0.17**	0.15*	1				
6	0.06	-0.12*	-0.08	0.01	-0.19**	1			
7	-0.05	0.07	0.14*	-0.04	0.02	-0.57**	1		
8	-0.04	0.06	0.24**	-0.02	0.06	-0.35**	0.28**	1	
9	-0.06	-0.05	0.21**	-0.08	-0.09	-0.40**	0.34**	0.62**	1
M	0.60	0.99	1.93	1.47	1.24	3.28	3.13	3.36	3.25
SD	0.50	0.49	0.73	0.59	1.32	1.35	0.83	0.73	1.08

注：* 表示 $p<0.05$，** 表示 $p<0.01$，双侧检验。

2. 工作嵌入中介效应的回归分析

本书参考温忠麟学者提出的方法步骤检验变量间存在的中介效应。

第一步，将自变量、中介变量、因变量标准化处理，以减少共线性问题。根据前面提出的假设，这部分进行标准化处理的变量包括职业规划、工作嵌入、离职意愿三个变量。

第二步，建立三个回归模型。

$$M = aX + e_3 \tag{4-1}$$

$$Y = cX + e_1 \tag{4-2}$$

$$Y = c'X + bM + e_2 \tag{4-3}$$

式中，a、b、c、c' 分别表示中介效应涉及的四个回归系数，M 表示中介变量，X 为自变量，Y 为因变量，e_1、e_2、e_3 分别表示三个回归模型的残差值。

第三步，分析自变量对中介变量、自变量对及自变量和中介变量对因变量的回归结果，根据回归系数的显著性情况进行中介效应检验，检验过程中控制变量也与自变量同时纳入检验模型。具体步骤如图 4-8 所示。

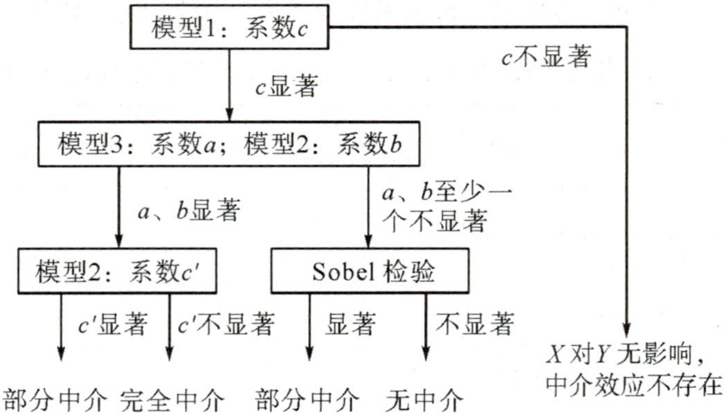

图 4-8　中介效应的检验步骤

根据本节的研究需要，中介模型中的自变量均为职业规划，因变量为离职意愿，该部分中介检验中的中介变量为工作嵌入。我们对收集到的数据进行分层回归分析，验证模型中的中介效应。将性别、年龄、学历水平等人口统计学变量作为控制变量，在验证了职业规划对中介变量工作嵌入存在显著影响后，将工作嵌入、职业规划放入以离职意愿为因变量的回归方程，最终得到的中介效应检验结果如表 4-22 所示。

表 4-22　工作嵌入的中介效应检验结果

因变量		工作嵌入（β）	离职意愿（β）	
		模型 1	模型 2	模型 3
控制变量	性别	-0.024	0.032	0.027
	年龄段	-0.031	0.022	0.015
	学历水平	0.242**	-0.040	0.007
	任职时长	0.119	-0.192*	-0.169*
	企业性质	-0.052	0.004	-0.006
自变量	职业规划	0.242**	-0.560**	-0.513**
	工作嵌入			-0.196**

表4-22(续)

因变量	工作嵌入（β）	离职意愿（β）	
	模型 1	模型 2	模型 3
F	7.205	26.252	25.849
R^2	0.133	0.358	0.391
ΔR^2	0.133	0.358	0.033
Sig. F	0.000		

注：* 表示 $p<0.05$，** 表示 $p<0.01$。

由表 4-22 的结果可知，三个模型的控制变量均为性别、年龄段、学历水平、任职时长、企业性质，模型 1 中自变量为职业规划，因变量为工作嵌入；模型 2 中职业规划为自变量，离职意愿为因变量；模型 3 在模型 2 的基础上加入工作嵌入这一中介变量作为自变量，离职意愿为因变量。共线性诊断结果表明，各变量 VIF 值（方差膨胀因子）均小于 10，不存在严重的多重共线性问题。模型 1 显示自变量职业规划对中介变量工作嵌入存在显著正向影响，即职业规划越清晰，员工进入企业后的工作嵌入感知程度越高，假设 H_{1c}得到进一步验证；模型 2 显示职业规划对离职意愿存在显著负向影响，即职业规划越清晰，员工越不易产生离职意愿，假设 H_{1a}得到进一步验证；在加入中介变量工作嵌入之后，职业规划对离职意愿的负向影响仍显著，中介变量工作嵌入对离职意愿存在显著负向影响，假设 H_{1b}得到进一步验证。综上所述，工作嵌入在职业规划对离职意愿的影响过程中起到部分中介作用，假设 H_1 及其子假设均得到验证。Bootstrap 检验结果表明职业规划对离职意愿的直接效应显著，相对占比为 91.53%，工作嵌入在职业规划对离职意愿的间接效应显著，相对占比为 8.46%。检验结果如表 4-23 所示。职业规划、工作嵌入与离职意愿的模型图如图 4-9 所示。

表 4-23　工作嵌入的中介效应 Bootstrap 检验结果

效应类型	效应值	Boot SE	Bootstrap 95%CI		相对效应占比
			下限	上限	
总效应	−0.56	0.05	−0.65	−0.46	100.00%
直接效应	−0.51	0.05	−0.61	−0.42	91.53%
间接效应	−0.05	0.02	−0.08	−0.02	8.46%

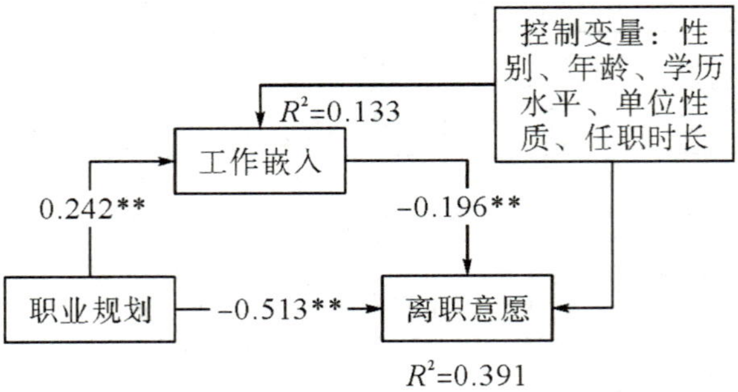

图 4-9　职业规划、工作嵌入与离职意愿的模型

注：＊＊表示 p <0.01。

3. 组织匹配中介效应的回归分析

为进一步探究工作嵌入的深层影响机制，在对工作嵌入变量整体进行中介效应检验之后，根据假设 H_2 的内容，继续将工作嵌入变量中的组织匹配维度纳入回归模型。为保证研究过程的一致性，分析依旧选取性别、年龄等人口统计学变量作为控制变量，首先验证职业规划对中介变量组织匹配是否存在显著影响，之后将组织匹配、职业规划放入以离职意愿为因变量的回归方程，检验变量间的影响是否显著。最终得到的中介效应检验结果如表 4-24 所示。

表 4-24　组织匹配的中介效应检验结果

因变量		组织匹配（标准系数 β）	离职意愿（标准系数 β）	
		模型 1	模型 2	模型 3
控制变量	性别	-0.07	0.032	0.014
	年龄段	-0.008	0.022	0.02
	学历水平	0.186*	-0.04	0.007
	任职时长	-0.054	-0.192*	-0.206**
	企业性质	-0.078	0.004	-0.016
自变量	职业规划	0.314**	-0.56**	-0.481**
	组织匹配			-0.253**
F		9.235	26.252	28.103
R^2		0.164	0.358	0.411

表4-24(续)

因变量	组织匹配（标准系数β）	离职意愿（标准系数β）	
	模型 1	模型 2	模型 3
ΔR^2	0.164	0.358	0.053
Sig. F	0.000		

注：* 表示 $p<0.05$，** 表示 $p<0.01$。

由表 4-24 结果可知，模型的控制变量为性别、年龄段、学历水平、任职时长、企业性质，模型 1 中自变量为职业规划，因变量为组织匹配；模型 2 中职业规划为自变量，离职意愿为因变量；模型 3 在模型 2 的基础上加入组织匹配这一中介变量作为自变量，离职意愿为因变量。共线性诊断结果表明，各变量 VIF 值（方差膨胀因子）均小于 10，不存在严重的多重共线性问题。模型 1 显示自变量职业规划对中介变量组织匹配存在显著正向影响，即职业规划越清晰，员工进入企业后的组织匹配程度越高，假设 H_{2b} 得到进一步验证；模型 2 显示职业规划对离职意愿存在显著负向影响，即职业规划越清晰，员工越不易产生离职意愿；在加入中介变量组织匹配之后，职业规划对离职意愿的负向影响下降至-0.481，在 0.01 的水平下影响显著，组织匹配对离职意愿存在显著负向影响，假设 H_{2a} 得到进一步验证。综上所述，组织匹配在职业规划对离职意愿的影响过程中起到部分中介作用，假设 H_2 及其子假设均得到验证。Bootstrap 检验结果表明该模型中职业规划对离职意愿的直接效应显著，相对占比为 85.89%，组织匹配在职业规划对离职意愿的间接效应显著，相对占比为 14.14%。检验结果如表 4-25 所示，相关模型见图 4-10。

表 4-25　组织匹配的中介效应 Bootstrap 检验结果

效应类型	效应值	Boot SE	Bootstrap 95%CI		相对效应占比
			下限	上限	
总效应	-0.56	0.05	-0.65	-0.46	100.00%
直接效应	-0.48	0.05	-0.59	-0.38	85.89%
间接效应	-0.08	0.02	-0.13	-0.04	14.14%

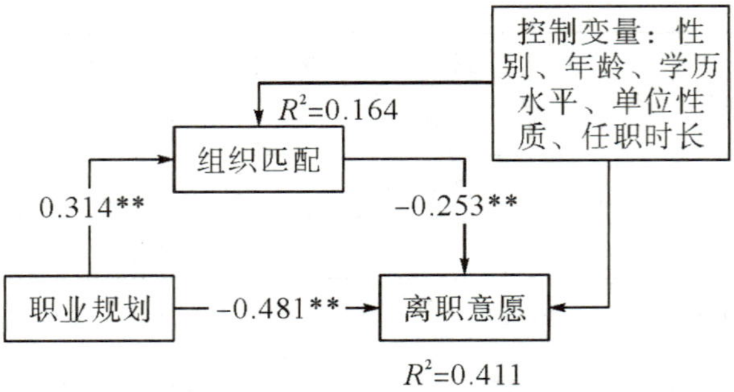

图 4-10　职业规划、组织匹配与离职意愿的模型

注：＊＊表示 $p<0.01$。

(五) 组织联系、嵌入满意度与离职意愿之间关系的假设检验

1. 组织联系、嵌入满意度与离职意愿的相关性分析

为保证研究方法的一致性，在本节的回归分析前同样先对组织联系、嵌入满意度与离职意愿以及控制变量进行相关分析。组织联系与离职意愿的相关系数为-0.24（$p<0.01$），表明组织联系与离职意愿之间存在显著负向相关关系，假设 H_{3a} 得到初步证实；嵌入满意度与离职意愿的相关系数为-0.26（$p<0.01$），表明嵌入满意度与离职意愿之间存在显著负向相关关系，假设 H_{3b} 得到初步证实；组织联系与嵌入满意度的相关系数为 0.39（$p<0.01$），表明组织联系与嵌入满意度为显著正向相关关系，假设 H_{3c} 得到初步证实。综上所述，组织联系、嵌入满意度与离职意愿各变量之间存在显著相关关系，为后续回归分析提供了必要的条件，控制变量与组织联系、嵌入满意度及离职意愿各维度间存在不同程度的相关关系，因此有必要将这五个变量设置为控制变量，各变量间的相关分析结果以及方差均值如表 4-26 所示。

表 4-26　组织联系、嵌入满意度与离职意愿的相关分析

变量	性别	年龄	学历	企业性质	任职时长	OC	ES	TI
1	1							
2	-0.03	1						
3	0.18**	0.09	1					

表4-26(续)

变量	性别	年龄	学历	企业性质	任职时长	OC	ES	TI
4	0.15**	0.14*	0.14*	1				
5	−0.04	0.49**	−0.17**	0.15*	1			
6	−0.02	−0.02	0.16**	−0.06	0.03	1		
7	−0.02	−0.07	0.05	−0.01	0.01	0.39**	1	
8	0.06	−0.12*	−0.08	0.01	−0.19**	−0.24**	−0.26**	1
M	0.59	0.99	1.93	1.47	1.24	3.73	3.25	3.28
SD	0.49	0.49	0.73	0.59	1.32	0.78	0.80	1.35

注：* 表示 $p<0.05$，** 表示 $p<0.01$，双侧检验。

2. 嵌入满意度中介效应的回归分析

为进一步探究工作嵌入的深层作用机制，根据原有假设，将嵌入满意度纳入组织联系对离职意愿影响的模型，按照中介效应检验要求，首先对嵌入满意度、组织联系、离职意愿三个变量进行标准化处理。该模型中依然选择性别、年龄等人口统计学变量作为控制变量，验证组织联系对中介变量嵌入满意度存在显著影响后，将组织联系、嵌入满意度放入以离职意愿为因变量的回归方程中，检验结果如表 4-27 所示。

表 4-27　嵌入满意度的中介效应检验结果

因变量		嵌入满意度（标准系数 β）	离职意愿（标准系数 β）	
		模型 1	模型 2	模型 3
控制变量	性别	−0.014	0.060	0.057
	年龄段	−0.083	−0.024	−0.040
	学历水平	0.005	−0.084	−0.083
	任职时长	0.036	−0.184**	−0.177**
	企业性质	0.020	0.021	0.025
自变量	组织联系	0.392**	−0.223**	−0.147*
	嵌入满意度			−0.194**
F		9.045	5.388	6.187

表4-27(续)

因变量	嵌入满意度（标准系数β）	离职意愿（标准系数β）	
	模型 1	模型 2	模型 3
R^2	0.161	0.102	0.133
ΔR^2	0.161	0.102	0.031
Sig. F	0.000		

注：* 表示 $p<0.05$，** 表示 $p<0.01$。

由表 4-27 的结果可知，模型的控制变量为性别、年龄段、学历水平、任职时长、企业性质，模型 1 中自变量为组织联系，因变量为嵌入满意度；模型 2 中组织联系为自变量，离职意愿为因变量；模型 3 在模型 2 的基础上加入组织联系这一中介变量作为自变量，离职意愿为因变量。共线性诊断结果表明，各变量 VIF 值（方差膨胀因子）均小于 10，不存在严重的多重共线性问题。模型 1 显示自变量组织联系对中介变量嵌入满意度存在显著正向影响，即组织联系越紧密，进入企业后的嵌入满意度会越高，假设 H_{3c}得到进一步验证；模型 2 显示组织联系对离职意愿存在显著负向影响，即员工组织联系越深，员工越不易产生离职意愿，假设 H_{3a}得到进一步验证；在加入中介变量嵌入满意度之后，组织联系对离职意愿的负向影响下降至-0.147，在 0.05 的水平下显著，且嵌入满意度与离职意愿存在显著负相关关系，即嵌入满意度越高，员工越不愿离职，假设 H_{3b}得到验证。综上所述，嵌入满意度在组织联系对离职意愿的影响过程中起到部分中介作用，假设 H_3 及其子假设均得到验证。Bootstrap 检验结果表明该模型中嵌入满意度对离职意愿的直接效应显著，相对占比为 68.18%，组织匹配在嵌入满意度对离职意愿的间接效应显著，相对占比为 36.36%。检验结果如表 4-28 所示，相关模型如图 4-28 所示。

表 4-28　嵌入满意度的中介效应 Bootstrap 检验结果

效应类型	效应值	Boot SE	Bootstrap 95%CI		相对效应占比
			下限	上限	
总效应	-0.22	0.05	-0.33	-0.11	100.00%
直接效应	-0.15	0.05	-0.25	-0.04	68.18%
间接效应	-0.08	0.03	-0.13	-0.03	36.36%

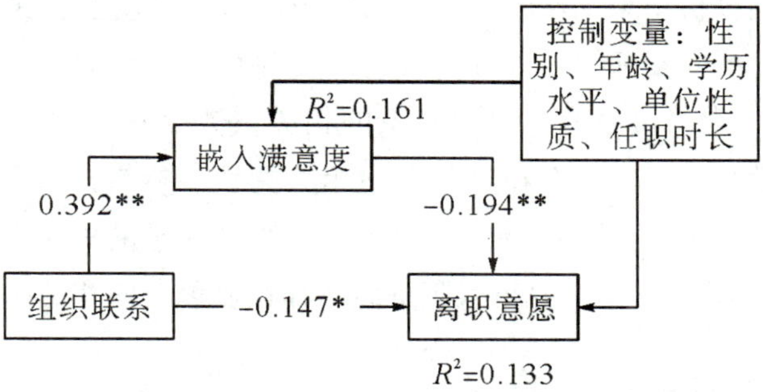

图 4-11 组织联系、嵌入满意度与离职意愿的模型

注：* 表示 $p<0.05$，** 表示 $p<0.01$。

（六）嵌入干预与离职意愿的关系探讨

由文献梳理以及收集到的数据可知，工作嵌入与离职意愿存在显著负相关关系，即工作嵌入程度越高，员工离职意愿越低。为探究企业做出干预工作嵌入的行为后，员工嵌入感知与离职情况的关系，本书引入了“参与自由度”这个概念来探究组织干预的情况。参与自由度指的是被调查者根据自身情况选择企业组织活动时被给予的自由选择程度，包括“完全自由选择是否参加”“部分可以自由选择”与“全部强制要求参加”三个选项。参与自由度与组织联系、嵌入满意度、工作嵌入及离职意愿间的相关性分析结果如图 4-29 所示。

表 4-29 组织联系、嵌入满意度、工作嵌入、参与自由度与离职意愿等变量的相关性分析

	OC	ES	JE	TI	参与自由度
1	1				
2	0.39**	1			
3	0.65**	0.33**	1		
4	-0.24**	-0.26**	-0.35**	1	
5	0.14**	0.19**	-0.17	-0.15**	1
M	3.73	3.25	3.36	3.28	2.26
SD	0.78	0.83	0.73	1.35	0.63

注：* 表示 $p<0.05$，** 表示 $p<0.01$。

从相关性分析结果来看，参与自由度与嵌入满意度的相关系数为 0.19（$p<0.01$），表明参与自由度与嵌入满意度存在显著正向相关关系，假设 H_4 得到验证。参与自由度与组织联系的相关系数为 0.14（$p<0.01$），表明参与自由度与组织联系存在显著正向相关关系；参与自由度与工作嵌入之间不存在显著相关关系；参与自由度与离职意愿的相关系数为-0.15（$p<0.01$），表明参与自由度与离职意愿间存在显著负向相关关系。

（七）假设检验结果汇总

本实证研究提出了 4 个假设，其中 3 个母假设各自包含 3 个子假设，在数据处理与分析后，所有子假设与母假设均成立，得到的假设检验结果汇总如表 4-30 所示。

表 4-30 假设检验结果汇总

假设代号	假设内容	检验结果
H_1	工作嵌入在职业规划对离职意愿的影响过程中起中介作用	成立
H_{1a}	职业规划对离职意愿具有显著负向影响	成立
H_{1b}	工作嵌入对离职意愿具有显著负向影响	成立
H_{1c}	职业规划对工作嵌入具有显著正向影响	成立
H_2	组织匹配在职业规划对离职意愿的影响过程中起中介作用	成立
H_{2a}	职业规划对离职意愿具有显著负向影响	成立
H_{2b}	组织匹配对离职意愿具有显著负向影响	成立
H_{2c}	职业规划对组织匹配具有显著正向影响	成立
H_3	嵌入满意度在组织联系对离职意愿的影响中起中介作用	成立
H_{3a}	组织联系对离职意愿具有显著负向影响	成立
H_{3b}	嵌入满意度对离职意愿具有显著负向影响	成立
H_{3c}	组织联系对嵌入满意度具有显著正向影响	成立
H_4	参与自由度对嵌入满意度具有显著正向影响	成立

（八）假设检验结果讨论

1. 工作嵌入的中介作用分析

我们在探究工作嵌入的中介效应时，也将工作嵌入的匹配维度纳入模型进行讨论，工作嵌入（$\beta=-0.196$，$p<0.001$）及其子维度组织匹配（$\beta=-0.253$，$p<0.001$）均可以在职业规划对离职意愿的影响过程中起中介作用，说明职业规划越清晰的员工在进入企业后与企业的匹配程度会越高，也会使得离职意愿降低。从数据分析结论中的效应占比来看，工作嵌入在职业规划对离职意愿的影响过程中的间接效应所占比例为 8.46%，直接效应占比达到 91.53%，表明在职业规划对离职意愿影响过程中，虽然有部分影响是通过工作嵌入进行的，但影响主要还是来源于职业规划。将工作嵌入的组织匹配维度纳入职业规划对离职意愿影响的模型后，该模型中职业规划对离职意愿的直接效应占比从上一模型的 91.53% 下降至 85.89%，通过组织匹配形成的间接效应占比达到 14.14%，高于工作嵌入的间接效应占比，这表明工作嵌入中的组织匹配维度在职业规划对离职意愿的影响中的间接影响更大。从自我决定理论的角度来看，职业规划越清晰，意味着员工越了解自我需求，外部环境（组织）与自己匹配度较高时，意味着员工对外部环境也有着清晰的认知，在此基础上产生的职业选择更不易产生变化，员工入职后的离职率也会相应较低。

对比已有研究结论，范乃亮通过实证研究证实工作嵌入分别在个人职业生涯规划与离职间、个人职业生涯目标设定与离职倾向间、个人职业生涯策略制定与离职倾向间起到调节作用，这与本书的结论“工作嵌入在职业规划与离职意愿之间起到中介作用”有所不同，综合多方因素，造成这种结果差异的原因可能有以下几点：

首先，从变量定义层面来看。该学者定义的职业生涯规划指的是将外部影响因素作为考虑的基础，结合被调查者自身实际情况制订出的与职业生涯相关的计划与采取的举措。本书沿用吴所禄学者对职业规划的概念界定，将职业规划定义为“员工在进行职业选择过程中的进展水平、职业决策的清晰程度以及对未来职业前景的坚定程度”。这两种定义最大的差别在于，前者强调的是职业生涯规划这个过程，而后者强调的是员工个人与职业规划的感知水平。在这种差异下，前者在探究工作嵌入的影响时强调的是工作嵌入对职业规划和离职倾向之间的关系，本书探究的是职业规划清晰程度通过工作嵌入感知水平影响离职意愿。

其次，从量表选择层面来看。在职业规划部分，该学者选取的是个人职业生涯规划选择量表与职业生涯规划选择量表，其中职业生涯规划选择量表将职业生涯规划分为自我认知、了解组织、生涯探索、生涯信念、向上沟通能力五个维度，职业生涯规划发展量表包括职业探索、职业目标与职业策略三个维度，一共 29 道题。本书采用的是韩国学者高香子开发的职业规划问卷，参考吴所禄在中韩大学生职业价值观、社会支持和职业规划关系的研究中有关职业规划的部分，对量表进行反复修订，形成六道题。从题目数量来看，前者更加充分具体，而从研究内容的侧重点来看，本书主要探究的是工作嵌入这一变量的影响作用，在职业规划上侧重于测量员工职业规划的清晰度。

最后，从研究内容层面来看。该学者基于个人—组织匹配理论，利用个人—组织匹配量表，从价值观匹配、需求—供给匹配、需求—能力匹配三个维度验证了个人—组织匹配在员工职业生涯规划与新生代知识型员工的离职倾向之间起中介作用。本书利用工作嵌入的匹配维度，验证了组织匹配、区域匹配均可在职业规划与离职意愿之间起到中介作用，与该学者的研究结论内核一致。

综上所述，本书与已有其他研究结论产生差异的原因主要在于研究内容的重点不同，对相关变量的定义以及量表的选择不同。但从研究结论来看，二者都能证明新生代员工的职业规划可通过员工的匹配度感知影响到离职意愿。

2. 嵌入满意度的中介作用分析

嵌入满意度是本书中针对组织联系维度的用于新生代员工对企业嵌入干预满意度进行主观评价的调查量表，从企业组织嵌入干预活动的频率、时长、形式等方面，综合考察企业在对新生代员工进行组织嵌入干预活动时员工的满意度，检验结果显示组织联系可通过嵌入满意度（$\beta=-0.194$，$p<0.001$）的中介作用影响新生代员工的离职意愿，间接效应占比达到 36.36%。说明企业开展的各项影响工作嵌入的活动可以对员工产生影响，并且嵌入干预的满意度可以通过量表评价反映出来，数据分析结果显示嵌入满意度与新生代员工的离职意愿显著相关。从过程激励理论来看，嵌入满意度与工作满意度一样，都属于激励因素，拥有较高满意度的员工更容易从组织中获得认同感与满足感，这些认同感与满足感也会进一步激发员

工的工作热情，进而促使新生代员工难以产生离职的情绪。

3. 嵌入干预对离职意愿的负面影响分析

本书的假设检验结果表明参与自由度与嵌入满意度间存在显著的正相关关系，这表明企业在进行嵌入干预前，给予员工较高的参与自由度有利于最终得到较高的嵌入满意度，进而取得较好的嵌入干预效果。结合嵌入干预的过程来看，可能存在这样一种情况：当新生代员工处于企业组织嵌入干预情境中时，如果员工参与自由度较低，会引起员工嵌入满意度的降低，使嵌入干预的效果较差，这也使得员工在这种情况下的嵌入感知程度较低，也就是组织联系较低，从而使得员工离职意愿升高。这一情况说明在企业组织有意提升员工组织嵌入、组织联系时，给予员工的参与自由度也将会成为影响嵌入干预效果的关键因素，并进一步形成员工离职意愿提高的负面影响。

从过程激励理论来看，嵌入干预属于企业在员工工作过程中采取的激励措施，企业期望通过类似活动、团建的正式或非正式活动帮助员工融入组织，与团队产生更多的联系，使组织成员得到归属感，并培养起员工的团队意识，这种归属感与团队意识有助于增强组织成员的工作积极性，为组织营造团结和谐的工作环境，降低员工的离职意愿。强制参与的要求会削弱甚至反噬这种激励的效果，从自我决定理论来看，强制要求会让员工失去自主选择权，这会大大降低员工的参与积极性，进而削弱嵌入干预效果，甚至引起员工不满，最终有可能带来员工离职意愿加强的负面影响。

五、研究结论

随着时代的更替与经济的蓬勃发展，新生代员工已经逐渐成长为各行各业的中坚力量。拥有着更好教育资源与信息资源的新生代员工从学生时期就开始接触各类职业生涯规划课程，广泛的信息渠道也有助于帮助他们尽早了解各种职业的情况，走出校园进入职场后可以继续在反复摸索中不断修正原有的职业规划。职业规划对新生代员工而言起着重要的决策导向作用，引导着新生代员工选择与他们价值观等相契合的工作。拥有清晰职业规划的员工在职场中更有目的性，面对挫折也会表现出更坚韧的毅力。随着新鲜血液的不断注入，企业为促使新生代员工多元的价值观与企业本身价值观的快速融合，并帮助员工尽快融入集体，会通过组织各式各样的团队建设、培训等活动来加强员工之间、员工与组织团队间的联系，企业希望这些活动可以通过加强员工个人的组织嵌入来增加员工的工作嵌入程度，使员工与组织之间有较高的嵌入联系，进而降低员工的离职意愿，但这一过程并非一方施加影响、另一方接受影响这么简单，嵌入干预的效果还会受到多方因素的影响，在员工享有的参与自由度的影响下，带有强制性的组织嵌入干预可能会适得其反，让员工产生更强的离职意愿。开展员工对嵌入干预活动的评价，可有效反映嵌入干预的效果，帮助企业从嵌入干预效果反馈层面多角度分析员工离职的原因。

为探究上述现象产生的本质原因，本书采用问卷调查的方式收集到 290 条有效数据，运用数据分析方法进行实证分析。首先根据文献综述与基础理论构建了本书的理论模型与研究假设；其次对量表进行检验后利用分层回归的方法验证工作嵌入及其组织匹配维度在职业规划对离职意愿影响中的中介作用，以及嵌入满意度在组织联系对离职意愿影响中的中介作用；最后引入参与自由度这一变量，探讨在一定水平的嵌入干预下，低参与自由度会使得嵌入满意度降低进而使新生代员工离职意愿无法降低，增加员工离职风险。以下是对研究结论的总结：

（一）工作嵌入在人口统计学变量上的影响存在显著差异

在人口统计学变量上，性别差异不会造成工作嵌入的感知差异；“80 后”与“90 后”在区域牺牲的影响上存在显著差异，“80 后”对工作生活的区域依赖程度更高，更期望获得安定的生活；学历水平的差异会造成工作嵌入、组织牺牲、组织匹配、区域联系四个维度的影响存在显著差异，实证结果表明学历越高，各维度的嵌入水平越好；任职时长会对组织匹配和区域嵌入产生显著影响，任职时长越长，与组织的匹配程度越高，员工在同一企业工作的时间越久，与所在区域的嵌入程度越深；在企业性质差异上，工作嵌入及其各维度的影响均不存在显著差异。

（二）工作嵌入在职业规划对离职意愿的影响过程中起中介作用

经相关分析、同质性检验以及分层回归分析，从工作嵌入、组织匹配、区域匹配三个维度进行中介效应检验后，本书首先验证了职业规划对离职意愿的显著影响，说明职业规划越清晰的员工离职意愿越低，然后验证了工作嵌入、组织匹配对离职意愿的显著影响，结果表明嵌入程度越深员工离职意愿越低，最后通过分层回归验证了工作嵌入在职业规划对离职意愿影响过程中起到部分中介作用，组织匹配在职业规划对离职意愿的影响过程中起部分中介作用。上述研究结论显示，新生代员工的职业规划可以通过工作嵌入水平对离职意愿产生影响，职业规划越清晰的员工越能够在入职后与组织产生较深的嵌入关系，并且在入职后，新生代员工与其所在的企业组织拥有较高的匹配感知程度，较深的嵌入关系与较高的匹配程度又会进一步削弱新生代员工的离职意愿，降低企业层面员工的离职率。

（三）嵌入满意度在组织联系对离职意愿的影响过程中起中介作用

在引入对组织联系进行的嵌入满意度评价后，经过相关分析、同质性检验、回归分析，首先验证了组织联系对离职意愿的影响效果。结果表明新生代员工与组织联系越密切，员工离职意愿越低。其次验证了嵌入满意度对离职意愿的影响效果，结果表明新生代员工对组织嵌入干预的满意度越高，员工离职意愿越低。最后经过分层回归证实嵌入满意度在组织联系对离职意愿的影响过程中起部分中介作用。研究结果显示组织联系可以通过嵌入满意度来影响新生代员工的离职意愿，新生代员工与组织联系越密切且嵌入满意度越高，员工的离职意愿将越低，企业层面员工的离职率也会越低。

（四）嵌入干预对离职意愿存在负面影响

在引入参与自由度这一变量后，通过相关分析，证明参与自由度与嵌入满意度存在显著相关关系，员工拥有较低的参与自由度时，反馈的嵌入满意度较低，嵌入干预效果较差，员工的嵌入感知程度较浅，很难与企业组织形成较为深入的连结关系。分析结果认为，在一定水平的企业嵌入干预下，新生代员工享有的参与自由度越高，嵌入满意度越高，嵌入干预的效果越好，员工的组织联系及工作嵌入感知程度都将提高，进而降低离职意愿，即高参与自由度有助于增强组织嵌入干预对离职意愿的正面影响；新生代员工享有的参与自由度越低，嵌入满意度也将越低，进而离职意愿越高，即低参与自由度可以削弱组织嵌入干预对员工离职意愿的正面影响，并形成负面影响，在低参与自由度下进行的嵌入干预活动很难达到预期效果。

第五章　员工离职管理实证研究（二）：基于工作—家庭冲突视角

一、理论模型：以工作满意度和组织承诺为中介

本书主要探讨的问题是：工作—家庭冲突对员工离职是否造成影响。通过第二章的文献梳理我们发现，工作—家庭冲突在研究中常被作为结果变量，且研究大多从整体的层面和工作对家庭的冲突方向进行。而工作满意度和组织承诺在研究中有时作为中介变量，有时作为调节变量，它们在工作—家庭冲突与离职意愿中的影响机制尚未形成统一的定论。工作—家庭冲突对离职意愿影响的相关研究大多都是在西方文化背景下进行的，得出的结论不能与中国企业完全匹配。而中国学者在这方面的研究，大多针对某一类特殊职业员工进行，得出的结论缺乏一定的适用性。因此本书将继续探讨工作满意度和组织承诺在其中的中介作用是否显著。本书的模型如图 5-1 所示。

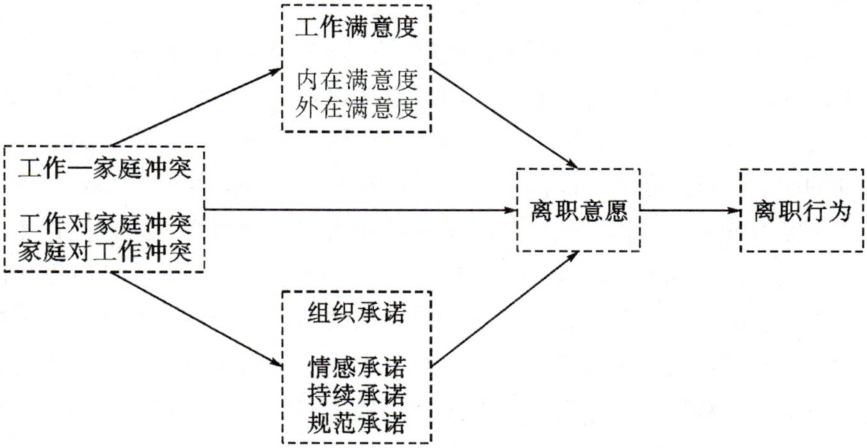

图 5-1　理论模型

二、研究假设

（一）工作—家庭冲突与离职意愿的关系

由第二章的文献梳理我们知道，国外学者 Gutek 等在 1991 年的研究发现人口学变量会影响员工的工作—家庭冲突和他们的工作满意度；此外，凌文辁等于 2000 年的研究认为人口学变量也会影响员工的组织承诺，进而影响员工的离职和留职。但是，中国文化与西方文化一直存在差异，我国现状是否适应西方学者的现有结论有待进一步研究；此外，人口学变量的研究在国内缺乏统一的理论基础和研究结论，而研究对象也有所不同，有必要针对企业员工进一步分析研究主题在人口学变量上是否存在差异。因此，本实证研究提出以下假设：

H_1：工作—家庭冲突和离职意愿在人口统计学变量上存在显著性差异。

根据角色冲突理论，企业员工在工作和生活中拥有不止一种角色，与之相呼应，每位员工也被期望完成不同角色承担的责任，如果无法完成这些责任，员工就会面临角色压力。拥有的角色越多，角色压力也越大，各种角色压力同时发难的话，员工将不得不放弃某些角色的责任，选择其中有能力完成的责任来完成，这就导致了角色冲突。

根据 Mobley（1978）的离职理论模型，多数员工产生离职行为都会受到非工作因素的影响，这种非工作因素包括家庭投入、实现自身价值以及配偶的关系等，这些因素对他们产生离职意愿乃至离职行为都会造成不可忽视的影响。国外学者 Ahuja（2007）和国内学者陆佳芳等（2002）指出工作—家庭冲突、工作满意度、组织承诺和离职意愿两两之间存在正相关关系，然而，Raymo（2006）研究表明工作—家庭冲突和工作满意度之间不存在显著的相关关系。林莉等（2013）认为中小企业员工在经济转型期通常会感受到更大的工作压力和更严重的工作—家庭冲突。我们所关注的是在目前的经济形势和社会背景下研究变量之间的关系是否发生变化。此外，现有研究探究相关变量之间的关系时，研究定义、研究对象、研究方法和研究结论有所不同，这也使得研究结果缺乏对比性和广泛性。因此，为进一步探讨它们之间的关系，本实证研究特提出以下假设：

H_2：工作家庭冲突与离职意愿显著相关。

（二）基于工作满意度的工作—家庭冲突与离职意愿的关系

根据马斯洛的需要层次理论，最有效的激励是通过满足人最迫切的需要实现的。部分学者将需求层次理论应用于人力资源管理研究，发现企业激励政策可以降低员工离职意愿，并且对不同员工的未满足需求进行激励效果显著。

Frone 等（1997）指出家庭—工作冲突较为严重的员工在工作中的努力程度和表现与家庭—工作冲突程度较低的员工相去甚远。Bruck（2002）以医护人员为研究对象，提出工作—家庭冲突的两个维度均与工作满意度存在负相关关系，并且基于行为的冲突影响效果显著。Grandey 等（2005）以双职工家庭为对象进行研究，其研究结论与 Bruck 的研究结论一致，并指出女性的冲突对工作满意度的影响比男性的影响效果更显著。Karatepe 等（2007）研究表明家庭—工作冲突对工作满意度的影响显著，Carlson 等（2010）的研究结论与 Karatepe 一致，并指出该影响是正向的，且工作满意度又将继续影响工作绩效，这与个体为组织创造的价值密切相关。Qin（2010）对制造企业员工的数据进行分析，结果表明，家庭—工作冲突和工作—家庭冲突均与工作满意度显著相关，且前者的显著性低于后者。Calvo-Salguero 等（2011）以西班牙员工为研究对象，提出家庭—工作冲突通过影响内在满意度这一中介变量来影响员工离职。Michel 和 Clark（2009）将情感因素纳入工作—家庭模型，认为情感因素可以对家庭工作增益和家庭—工作冲突起到预测作用，且积极情感正向影响工作满意度，消极情感正向影响家庭—工作冲突。

Locke（1969）认为工作满意度是在员工对工作进行评估后才出现的，它是一种积极的情绪状态，可以帮助员工认识工作价值。Irvine（1995）以护士为研究对象，将工作满意度作为中介变量纳入研究模型，发现工作满意度负向影响离职行为。Carbery 等（2003）研究发现，不同职别员工的工作满意度存在差异，主管比基层员工有更多的机会获得更好的福利待遇或晋升途径，因此主管的工作满意度高于基层员工，基层员工的离职意愿高于企业主管。

Amstad（2011）等认为心理资源将被严重的工作家庭冲突大量消耗，员工为再次达到平衡，将减少积极情感和积极行为在工作领域或家庭领域当中的投入，为消除冲突根源，员工将产生离职意愿乃至离职行为。有多种因素对员工离职造成影响，直接影响员工的离职意愿的是对当前工作的评价。因此，本实证研究提出以下假设：

H_3：工作满意度在员工的工作家庭冲突与离职意愿间起中介作用。

H_{3a}：内在满意度对员工工作—家庭冲突对离职意愿的影响起中介作用。

H_{3b}：外在满意度对员工工作—家庭冲突对离职意愿的影响起中介作用。

相关模型如图 5-2 所示。

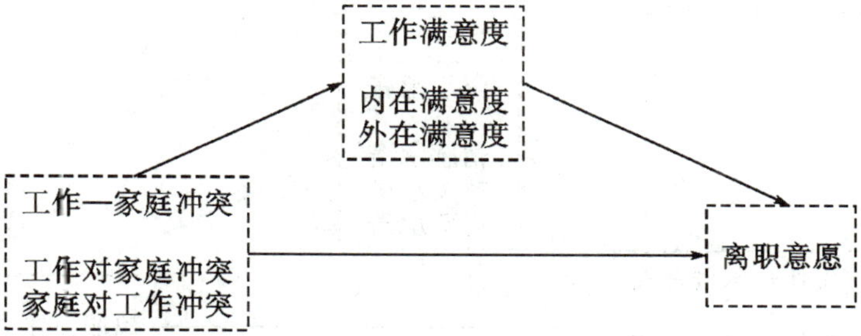

图 5-2　工作满意度与工作—家庭冲突、离职意愿的理论模型

（三）基于组织承诺的工作—家庭冲突与离职意愿的关系

通过第二章的文献梳理，发现严重的角色冲突不仅会降低员工的工作满意度，还会影响员工的组织承诺水平，大部分学者认可组织承诺水平降低会导致员工自愿离职率增高。Meyer 等（1997）指出员工离职意愿受组织承诺不同维度的影响，其中情感承诺的影响最明显。Stallworth（2003）通过研究证实了以上观点。Labatmediene 等（2007）提出目前组织承诺研究最多的领域是组织承诺与离职意向、离职行为之间的关系研究。国内学者张勉（2011）、赵西萍等（2003）均认为员工的离职意愿与组织承诺中的规范、持续和情感承诺存在负相关关系，赵西萍等指出情感承诺是影响离职意愿的核心因素，员工对组织的情感认同、组织依赖度越高，离职的可能性就越小。一方面，组织给予员工的薪资、晋升、人际关系、领导风格会影响员工留在组织工作的意愿；另一方面，员工自身对组织的感情、责任和态度也会影响员工留在组织工作的意愿。因此，本实证研究提出以下假设：

H_4：组织承诺在员工的工作家庭冲突与离职意愿之间存在中介作用。

H_{4a}：情感承诺在员工工作—家庭冲突对离职意愿的影响中起中介作用。

H_{4b}：持续承诺在员工工作—家庭冲突对离职意愿的影响中起中介作用。

H_{4c}：规范承诺在员工工作—家庭冲突对离职意愿的影响中起中介作用。

相关模型如图 5-3 所示。

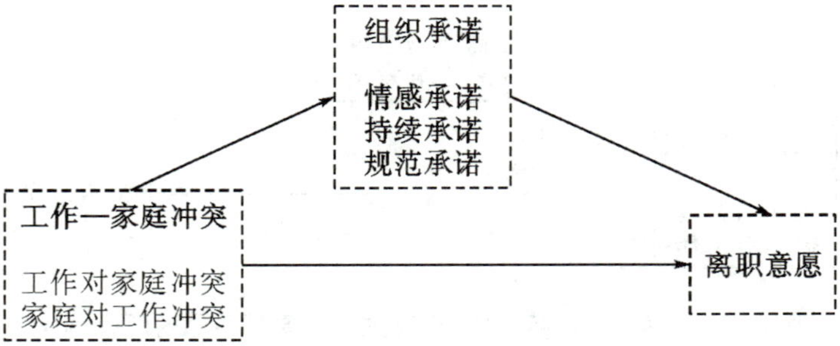

图 5-3　组织承诺与工作—家庭冲突、离职意愿的理论模型

（四）工作—家庭冲突与离职行为的关系

离职意愿与离职这两者的概念有所不同。离职是已经发生的一种具体行为，离职意愿发生在离职行为前，是对离职具有预测作用的一种心理状态和态度。在 Price2000 模型里，当员工对工作感到不满意或组织承诺较低时就会产生离职意愿。如果这种消极情绪进一步累积，就会产生离职行为。Boyar（2003）等认为离职意愿与工作—家庭冲突存在相关关系。随着离职研究的扩展，大量研究证实离职行为可以被离职意愿预测，也有研究表明 88%的主动离职行为都不能被离职意愿解释。离职行为是否可由工作—家庭冲突导致，这也是本书要探索的主题。因此，本实证研究提出以下假设：

H_5：在无其他因素干扰时，工作—家庭冲突与离职行为显著正相关。

相关模型如图 5-4 所示。

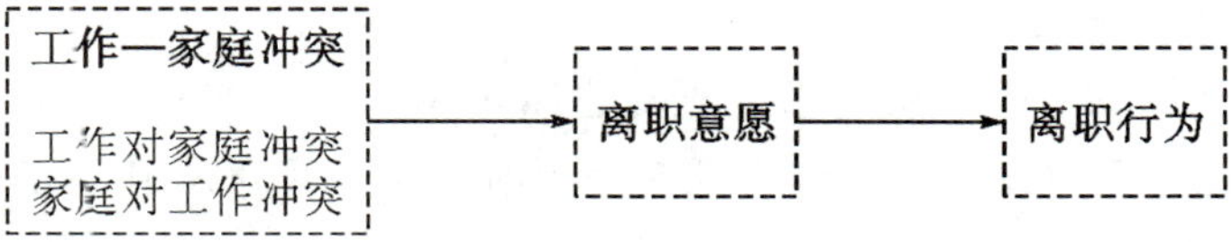

图 5-4　工作—家庭冲突与离职意愿、离职行为的理论模型

三、研究设计

（一）问卷设计

根据本书主题和研究对象的特点，本书所需数据主要通过问卷调查收集。调查问卷由以下三个部分组成：首先，为消除被调查者的顾虑，对问卷进行了解释，向被调查者解释问卷的目的、用途和所需时长；其次是个人信息调查，由性别、年龄（小于 18 岁、18~28 岁、29~39 岁、40~50 岁、高于 50 岁）、婚姻状况（未婚无对象、未婚有对象、已婚未育、已婚已育、离婚无子女、离婚有子女）、学历（高中及以下、大专、本科、硕士、博士）、任职时长（1 年以内、1~2 年、3~5 年、6~9 年、超过 9 年）、企业性质、是否有过离职经历等调查组成；最后是正式问卷，由离职意愿、工作—家庭冲突、组织承诺、工作满意度四张量表组成，四张量表是众多学者使用和验证过的成熟量表。

本书涉及四个主要变量。根据研究需要，工作—家庭冲突可拆分为两个层次的变量，即工作对家庭的冲突和家庭对工作的冲突，以及工作—家庭冲突这一整体变量。在研究工作—家庭冲突影响的差异时，人口统计学变量共包含 7 个分类变量，离职变量是分类变量，曾经发生过离职行为用"0"代替，没有发生过离职行为用"1"代替。在研究与工作—家庭冲突相关的中介模型时，将工作—家庭冲突设置为自变量，将离职意愿设置为因变量，将工作满意度和组织承诺设置为中介变量，将性别、年龄、学历水平、任职时长、企业性质和婚姻状况均设置为两个中介模型中的控制变量。

（二）量表选择与说明

1. 工作—家庭冲突量表

本书选用的工作—家庭冲突量表是 Netemeyer 于 1996 年开发的，包含 10 个题项，2 个维度，每个维度有 5 个题项。这一部分采用 1~5 分的打分制，1~5 分分别表示冲突程度从最低到冲突程度最高。量表详情见附录。

2. 工作满意度量表

本书工作满意度的测量选取 Weiss 等于 1967 年开发的明尼苏达满意度短式问卷，选用李克特五点计分法对被调查者的选择结果做记录；被调查者根据其上一份工作和当前工作的实际情况，判断每个题项所描述内容与其实际情况的相符程度。每个题项的相符程度从低到高分别是"完全不相符""基本不相符""无法确定""基本相符"和"完全相符"。量表详情见附录。

3. 组织承诺量表

组织承诺量表以 Meyer 和 Allen 于 1990 年开发的组织承诺量表为基础，根据中国本土研究特征修订而成。量表共有 18 个题项，包含 3 个维度，每个维度包含 6 个题项。组织承诺量表选用李克特五点计分法对被调查者的选择结果做记录，被调查者根据其上一份工作和当前工作的实际情况，判断每个题项所描述内容与其实际情况的相符程度。每个题项的相符程度从低到高分别是"完全不相符""基本不相符""无法确定""基本相符"和"完全相符"。量表详情见附录。

4. 离职意愿量表

离职意愿量表是在 Mobley 等（1978）开发的量表基础上调整得来的，共 4 个题项。选用李克特五点计分法对被调查者的选择结果做记录，被调查者根据上一份工作和当前工作的实际情况，判断每个题项所描述内容与其实际情况的相符程度。每个题项的相符程度从低到高分别是“完全不相符”“基本不相符”“无法确定”“基本相符”和“完全相符”。量表详情见附录。

（三）调研设计：对象选择与样本描述

1. 确定调研对象

根据文献综述部分的阐述，本书的研究对象选取 18 岁以上、60 岁以下全国各地、各企业、各层级的员工，调研主要针对工作和家庭可能存在冲突的员工进行。

2. 问卷预调研

初始问卷形成后，本书进行了一次预调查，共收回 142 份有效问卷，借助 SPSS19.0 对这 142 份问卷进行统计分析，主要是进行信度和效度检验，检验结果用于修正初始问卷，形成正式调研的最终问卷。

3. 问卷回收与甄别

本书设计收回 397 份问卷。鉴于调查问卷有较多题项，因此在分析前使用调研平台自动记录的填写时间筛选无效问卷。经过测试，90 秒应为完成调查的最短时长，因此剔除 15 份填写用时低于 90 秒的问卷；低于 18 岁的个体属于未成年，不在本书的调查范围，因此剔除 1 份被调查者为 2002 年以后出生的问卷；本书设计了排除没有认真作答的反向题项，所以剔除 33 份调查数据方差为 0 的样本，最终剩余 348 份用于研究工作—家庭冲突等相关变量的有效数据，有效率 87.7%。在之后的所有描述统计中，样本总量均记为 $N=348$（单独说明的除外），以便于区分。

4. 样本描述

本书收回来的调查问卷涉及 22 个不同的省（区、市），共 58 个不同城市。从性别构成来看，性别比例较为均衡，50.86%为女性，为 49.14%男性；从年龄结构来看，84.19%为 18~30 岁，8.91%为 31~40 岁；从学历水平来看，56.61%为本科学历，占比最高，97.41%为大专及以上，样本大多受过高等教育。从企业性质来看，44.83%为民营/私营企业，占比最大；从任职时长来看，40.81%为入职 1 年以内的员工，31.61%为入职 1

~2 年的员工，这两类员工占比较高；发生过离职行为的占 54. 89%，没有发生过离职行为的占 45. 11%。具体情况见表 5-1。

表 5-1　样本分布情况

项目	人口学变量	人数/N/个	所占比例/%
性别	男	171	49. 14
	女	177	50. 86
年龄	18 岁以下	1	0. 29
	18~30 岁	293	84. 19
	31~40 岁	31	8. 91
	41~50 岁	20	5. 75
	50 岁以上	3	0. 86
学历水平	高中及以下	9	2. 59
	大专	83	23. 85
	本科	197	56. 61
	硕士及以上	59	16. 95
企业性质	民营/私营企业	156	44. 83
	国有/国有控股企业	70	20. 11
	外资/合资企业	32	9. 20
	公务员/事业单位	20	5. 75
	其他	70	20. 11
任职时长	1 年以内	142	40. 81
	1~2 年	110	31. 61
	3~5 年	40	11. 49
	6~9 年	27	7. 76
	10 年及以上	29	8. 33

表5-1(续)

项目	人口学变量	人数/N/个	所占比例/%
婚姻状况	未婚无对象	53	15.23
	未婚有对象	127	36.50
	已婚未育	17	4.89
	已婚已育	139	39.94
	离异无子女	2	0.57
	离异有子女	10	2.87
离职情况	发生过离职行为	191	54.89
	未发生过离职行为	157	45.11

5. 样本正态性检验

后续数据分析结果有效的前提保证是样本数据呈正态分布，所以首先要对样本数据进行正态性检验，结果如表 5-2 所示。根据表中数据可知，本书每个变量的偏度系数和峰度系数的绝对值均接近 0，符合绝对值分别小于 1 和 7 的标准，可以初步得出样本数据符合正态分布的结论。为再次检验变量数据的正态分布，我们制作了各变量的 $P-P$ 图，如果变量的 $P-P$ 图上的点沿一条对角线分布，就判断样本数据是满足正态分布的。工作—家庭冲突和离职意愿的 $P-P$ 图如图 5-5、图 5-6 所示。结果表明，变量数据满足正态性分布，满足单变量正态性，可持续进行后续分析。

表 5-2　样本正态性检验结果

维度	维度	偏度		峰度	
		统计量	标准误	统计量	标准误
WIF	WFC_1	-0.150	0.073	0.107	0.134
	WFC_2	-0.286	0.073	0.159	0.134
	WFC_3	-0.391	0.073	0.143	0.134
	WFC_4	-0.274	0.073	0.142	0.134
	WFC_5	-0.289	0.073	0.273	0.134

表5-2(续)

维度	维度	偏度		峰度	
		统计量	标准误	统计量	标准误
FIW	WFC_6	−0. 334	0. 073	0. 114	0. 134
	WFC_7	−0. 289	0. 073	0. 316	0. 134
	WFC_8	−0. 186	0. 073	0. 137	0. 134
	WFC_9	−0. 429	0. 073	0. 311	0. 134
	WFC_10	−0. 310	0. 073	0. 184	0. 134
IJS	JS_1	−0. 279	0. 073	0. 135	0. 134
	JS_2	−0. 279	0. 073	0. 065	0. 134
	JS_3	−0. 327	0. 073	0. 331	0. 134
	JS_4	−0. 316	0. 073	0. 647	0. 134
	JS_5	−0. 123	0. 073	0. 116	0. 134
	JS_6	−0. 113	0. 073	0. 070	0. 134
	JS_7	−0. 279	0. 073	0. 093	0. 134
	JS_8	−0. 153	0. 073	0. 493	0. 134
	JS_9	−0. 142	0. 073	0. 381	0. 134
EJS	JS_10	−0. 399	0. 073	0. 298	0. 134
	JS_11	−0. 316	0. 073	0. 117	0. 134
	JS_12	−0. 329	0. 073	0. 143	0. 134
	JS_13	−0. 338	0. 073	0. 335	0. 134
	JS_14	−0. 103	0. 073	0. 309	0. 134
	JS_15	−0. 150	0. 073	0. 135	0. 134
AC	OC_1	−0. 316	0. 073	0. 124	0. 134
	OC_2	−0. 333	0. 073	0. 309	0. 134
	OC_3	−0. 371	0. 073	0. 159	0. 134
	OC_4	−0. 273	0. 073	0. 168	0. 134
	OC_5	−0. 133	0. 073	0. 399	0. 134
	OC_6	−0. 184	0. 073	0. 341	0. 134

表5-2(续)

维度	维度	偏度		峰度	
		统计量	标准误	统计量	标准误
CC	OC_7	−0. 154	0. 073	0. 114	0. 134
	OC_8	−0. 104	0. 073	0. 777	0. 134
	OC_9	−0. 770	0. 073	0. 309	0. 134
	OC_10	−0. 266	0. 073	0. 147	0. 134
	OC_11	−0. 094	0. 073	0. 143	0. 134
	OC_12	−0. 183	0. 073	0. 140	0. 134
NC	OC_13	−0. 358	0. 073	0. 239	0. 134
	OC_14	−0. 430	0. 073	0. 122	0. 134
	OC_15	−0. 181	0. 073	0. 164	0. 134
	OC_16	−0. 132	0. 073	0. 184	0. 134
	OC_17	−0. 141	0. 073	0. 338	0. 134
TI	TI_1	−0. 287	0. 073	0. 335	0. 134
	TI_2	−0. 143	0. 073	0. 316	0. 134
	TI_3	−0. 266	0. 073	0. 732	0. 134
	TI_4	−0. 289	0. 073	0. 070	0. 134

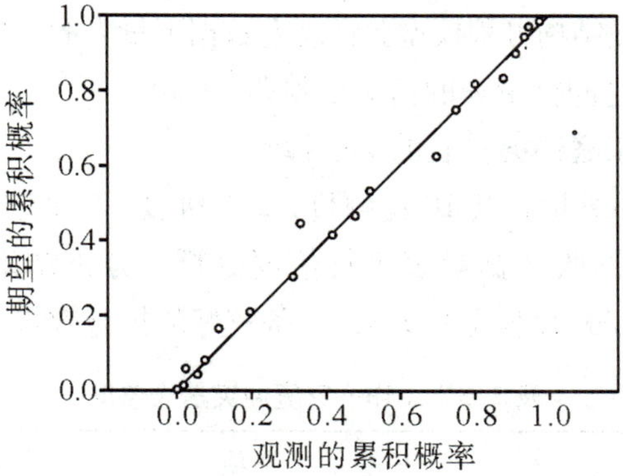

图 5-5　工作—家庭冲突的 $P-P$ 图

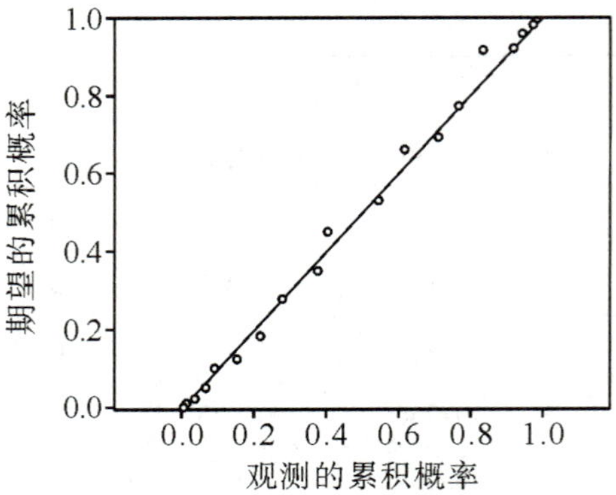

图 5-6　离职意愿的 *P* - *P* 图

四、数据分析与假设检验

（一）量表的信效度检验

即使使用相同量表进行调查，不同学者的调查结果也会受被测者的群体、调查时间等影响，量表的信效度会出现差异。所以为保证本书所选取量表质量达到最佳，先对量表进行信度检验，然后利用探索性因子分析与验证性因子分析再次校正量表结构及各维度内容。为探究使用量表的真实结构，借助 SPSS19.0 软件使用探索性因子分析方法来处理收集的数据，然后借助 Amos23.0 软件构建结构方程模型验证现有数据下量表的结构效度。

1. 工作—家庭冲突量表的信效度检验

（1）工作—家庭冲突量表的信度检验

工作—家庭冲突量表共 10 道题目，2 个维度，2 个维度各含 5 个题项。运用 SPSS 软件对回收数据量表进行信度分析，分析结果如表 5-3 所示。结果表明 Cronbach'α 均不低于 0.8，具备较好的拟合效果。

表 5-3　工作—家庭冲突量表信度

变量		题项	Cronbach's α	
工作—家庭冲突	工作对家庭冲突	5	0.866	0.917
	家庭对工作冲突	5	0.909	

1）探索性因子分析

借助 SPSS 软件对本书选用的工作—家庭冲突量表进行探索性因子分析，结果显示 KMO 值是 0.915，$p<0.001$，结果符合 Kaiser 的判定标准，即本书选用的量表及回收的样本可以做因子分析。经最大方差法旋转后，提取出特征值大于 1 的主成分 2 个，累计方差解释率是 70.055%，符合预期。

2）验证性因子分析

我们使用的工作—家庭冲突量表为 Netmeyer 于 1996 年开发的量表，该表经大量学者验证过。通过对工作—家庭冲突量表进行验证性因子分析后各指标拟合指数如表 5-4 所示，相关验证性因子分析如图 5-7 所示，结果显示各项指标基本达到标准。

表 5-4　工作—家庭冲突量表的拟合指数

CMIN/DF	GFI	NFI	IFI	CFI	TLI	RMSEA
2.575	0.934	0.942	0.983	0.983	0.972	0.041

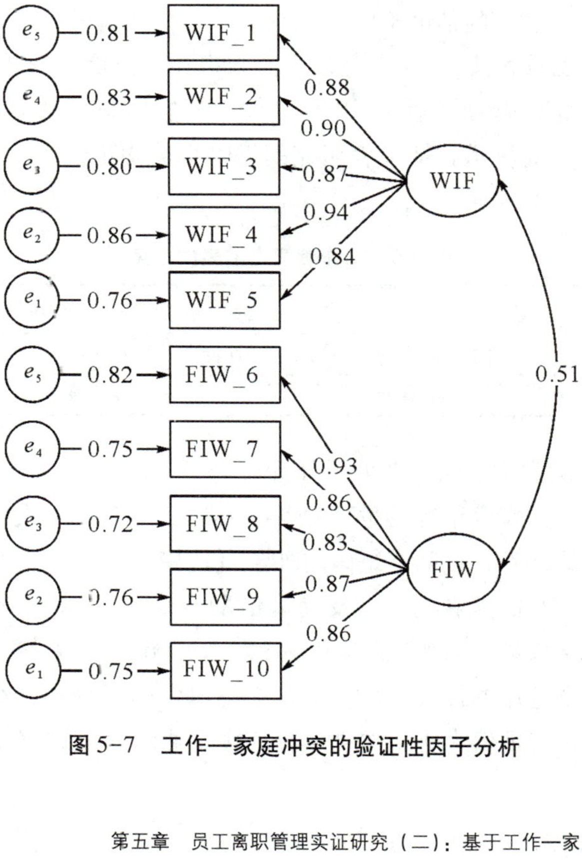

图 5-7　工作—家庭冲突的验证性因子分析

随后对工作—家庭冲突量表的收敛效度进行分析，结果如表 5-5 所示。计算结果表明各题项因子载荷皆大于 0.5，并且 CR>0.7，加之 AVE>0.5（判定方式下同），说明该量表在收敛效度上表现为良好。

表 5-5　工作—家庭冲突量表的收敛效度

回归路径	SRW	CR	AVE
WIF_1←工作对家庭冲突	0.878	0.94	0.81
WIF_2←工作对家庭冲突	0.904		
WIF_3←工作对家庭冲突	0.866		
WIF_4←工作对家庭冲突	0.935		
WIF_5←工作对家庭冲突	0.842		
FIW_6←家庭对工作冲突	0.926	0.93	0.76
FIW_7←家庭对工作冲突	0.859		
FIW_8←家庭对工作冲突	0.829		
FIW_9←家庭对工作冲突	0.870		
FIW_10←家庭对工作冲突	0.857		

2. 工作满意度量表的信效度检验

（1）工作满意度的信度检验

工作满意度量表共有 15 个题目，其中内在满意度包含 10 个题项，外在满意度共有 5 个题项。运用 SPSS 软件对回收数据量表进行信度分析，分析结果如表 5-6 所示。结果表明克朗巴哈系数均不低于 0.8，具备较好的拟合效果。

表 5-6　工作满意度量表的信度

变量		题项	Cronbach's α	
工作满意度	内在满意度	10	0.866	0.924
	外在满意度	5	0.869	

（2）工作满意度的探索性因子分析

本书使用的工作满意度的量表为 Weiss 等人 1967 年开发的明尼苏达满意度问卷的短式问卷，该问卷是国内外学者使用最多的工作满意度测量问卷，已经得到广大的学者的实践支持。借助 SPSS 软件对该量表进行探索性因子分析，结果显示 KMO 值是 0.903，$p<0.001$，结果符合 Kaiser 的判定标准，即本书选用的量表及回收的样本可以做因子分析。经最大方差法旋转后，提取出特征值大于 1 的主成分 2 个，累计方差解释率是 68.16%，

符合预期。

（3）工作满意度的验证性因子分析

对工作满意度量表进行验证性因子分析后各指标的拟合指数如表 5-7 所示，结果显示各项指标基本达到标准。

表 5-7 工作满意度量表与工作家庭冲突量表模型的拟合指数

CMIN/DF	GFI	NFI	IFI	CFI	TLI	RMSEA
1.575	0.908	0.921	0.915	0.915	0.882	0.034

随后对指标路径系数进行显著性水平检验，验证性因子分析结果如图 5-8所示。计算结果表明该量表在收敛效度上表现良好，如表5-8 所示。

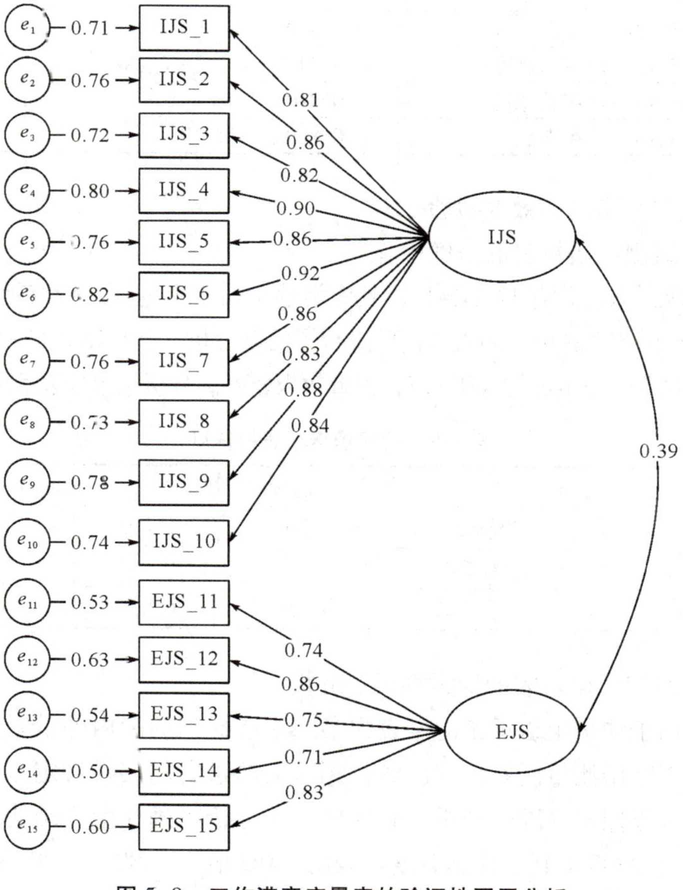

图 5-8 工作满意度量表的验证性因子分析

表 5-8 工作满意度量表的收敛效度

回归路径	SRW	CR	AVE
IJS_1←内在满意度	0.811	0.93	0.76
IJS _2←内在满意度	0.862		
IJS _3←内在满意度	0.815		
IJS _4←内在满意度	0.901		
IJS _5←内在满意度	0.857		
IJS _6←内在满意度	0.923		
IJS _7←内在满意度	0.859		
IJS _8←内在满意度	0.834		
IJS _9←内在满意度	0.876		
IJS _10←内在满意度	0.837		
EJS_11←外在满意度	0.741	0.88	0.56
EJS_12←外在满意度	0.860		
EJS_13←外在满意度	0.747		
EJS_14←外在满意度	0.710		
EJS_15←外在满意度	0.829		

3. 组织承诺的信效度检验

（1）组织承诺量表的信度检验

组织承诺量表共有 17 个题目，其中情感承诺 6 个题项、持续承诺 6 个题项、规范承诺 5 个题项。回收数据后进行了信度分析，分析结果显示总量表及其各维度的 Cronbach'α 均大于 0.8，拟合效果较好。分析结果如表 5-9 所示。

表 5-9 组织承诺量表的信度

变量		题项	Cronbach's α	
组织承诺	情感承诺	6	0.805	0.88
	持续承诺	6	0.835	
	规范承诺	5	0.827	

（2）组织承诺量表的探索性因子分析

本书用于测量组织承诺的量表为第二章所提到的国内外学者使用最为广泛的组织承诺测量问卷，它已经得到广大的学者的实践肯定。本书对该量表再次进行探索性因子分析与验证性因子分析来确保量表结构有效。通过 SPSS 软件分析得到工作满意度量表的 KMO 值为 0.887，$p<0.001$。根据 Kaiser 给出的标准，本书所使用的量表及收集到的数据适合做因子分析，最后提取 3 个因子，累计方差解释率为 66.496%。

(3) 组织承诺量表的验证性因子分析

对组织承诺量表进行验证性因子分析后各指标的拟合指数如表 5-10 所示，结果显示各项指标基本达到标准。

表 5-10 组织承诺量表工作—家庭冲突量表模型的拟合指数

CMIN/DF	GFI	NFI	IFI	CFI	TLI	RMSEA
3. 750	0. 932	0. 942	0. 957	0. 957	0. 913	0. 082

随后对指标路径系数进行显著性水平检验，验证性因子分析结果如图 5-9 所示。计算结果表明该量表在收敛效度上表现良好。

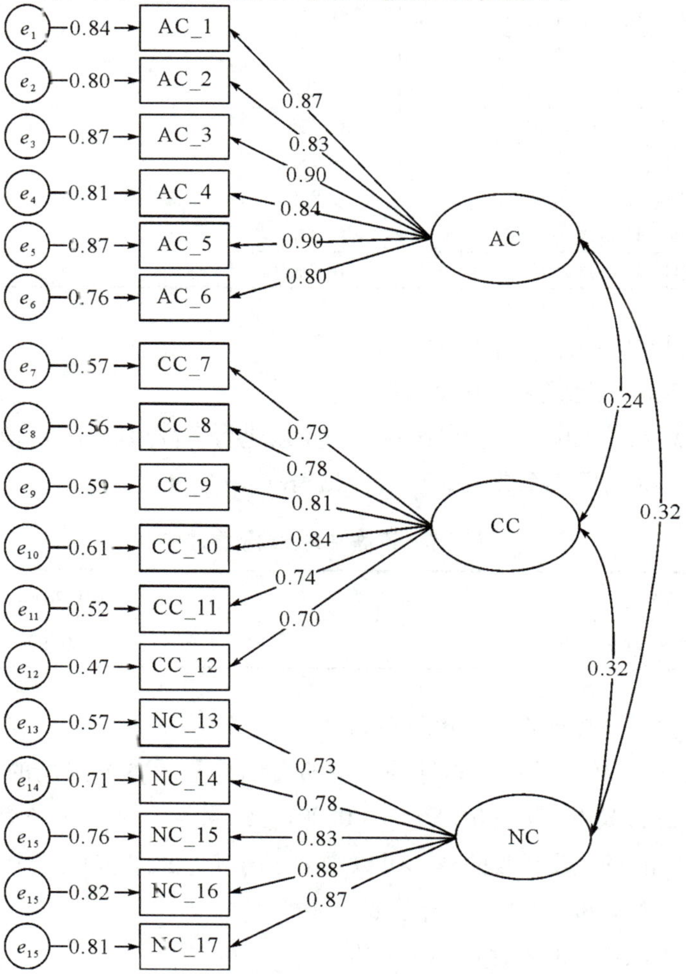

图 5-9 组织承诺量表的验证性因子分析

表 5-11 组织承诺量表工作—家庭冲突量表模型的收敛效度

回归路径	SRW	CR	AVE
AC_1←情感承诺	0.868	0.94	0.80
AC _2←情感承诺	0.827		
AC _3←情感承诺	0.904		
AC _4←情感承诺	0.838		
AC _5←情感承诺	0.902		
AC _6←情感承诺	0.796		
CC _7←持续承诺	0.789	0.87	0.55
CC _8←持续承诺	0.782		
CC _9←持续承诺	0.814		
CC _10←持续承诺	0.837		
CC _11←持续承诺	0.737		
CC _12←持续承诺	0.690		
NC_13←规范承诺	0.725	0.89	0.73
NC _14←规范承诺	0.782		
NC _15←规范承诺	0.829		
NC _16←规范承诺	0.878		
NC _17←规范承诺	0.866		

4. 离职意愿量表的信效度检验

（1）离职意愿量表的信度检验

离职意愿量表由 4 个题项组成，对量表进行信度检验，结果如表 5-12 所示，可知克朗巴哈系数为 0.977，具备较高可信度。

表 5-12 工作—家庭冲突、离职意愿的信度

变量	题项	Cronbach's α
离职意愿	4	0.977

（2）离职意愿的探索性因子分析

借助 SPSS 软件进行探索性因子分析，结果显示本书选用的工作—家庭冲突量表的 KMO 值是 0.856，$p<0.001$，结果符合 Kaiser 的判定标准，即本书选用的量表及回收的样本可以做因子分析。最后提取 1 个因子，累计方差解释率是 82.75%，符合预期。

（3）离职意愿的验证性因子分析

对离职意愿量表进行验证性因子分析后各指标的拟合指数如表 5-13

所示，结果显示各项指标基本达到标准。

表 5-13　离职意愿量表工作家庭冲突量表模型的拟合指数

CMIN/DF	GFI	NFI	IFI	CFI	TLI	RMSEA
2.757	0.996	0.998	0.999	0.999	0.992	0.072

随后对指标路径系数进行显著性水平检验，验证性因子分析结果如图 5-10 所示。计算结果表明该量表在收敛效度上表现良好。

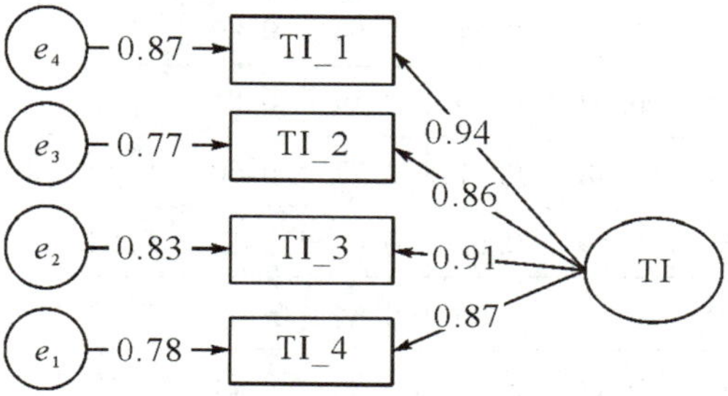

图 5-10　离职意愿量表的验证性因子分析

离职意愿量表的收敛效度如表 5-14 所示。

表 5-14　离职意愿量表收敛效度

回归路径	SRW	CR	AVE
TI_4	0.874	0.95	0.81
TI_3	0.908		
TI_2	0.863		
TI_1	0.938		

（二）区分效度检验

在这项研究中，将量表每个维度的$\sqrt{AVE}$值与该维度同其他各维度之间的相关系数进行比较，比较结果如表 5-15 所示。结果表明，显著的相关性是每个维度之间存在的特点，任意两个维度的$\sqrt{AVE}$值均大于两者之间的相关系数，说明每个维度之间存在足够的区分效度，即变量的构念内涵差异性较好。

表 5-15　量表各维度的区分效度检验结果

变量	1WIF	2FIW	3TI	4JS	5EJS	6IJS	7OC	8AC	9CC	10NC
1	0. 86									
2	0. 46	0. 83								
3	0. 55	0. 72	0. 88							
4	0. 45	0. 62	0. 58	0. 91						
5	0. 43	0. 56	0. 52	0. 83	0. 82					
6	0. 53	0. 63	0. 70	0. 65	0. 64	0. 89				
7	0. 53	0. 56	0. 62	0. 60	0. 59	0. 81	0. 86			
8	0. 47	0. 52	0. 48	0. 71	0. 77	0. 60	0. 54	0. 88		
9	0. 44	0. 59	0. 59	0. 69	0. 69	0. 63	0. 58	0. 71	0. 84	
10	0. 58	0. 61	0. 67	0. 66	0. 64	0. 62*	0. 67	0. 74	0. 71	0. 85
M	3. 18	3. 15	0. 42	3. 61	3. 26	3. 21	3. 59	3. 47	3. 13	3. 77
SD	0. 57	0. 71	0. 26	0. 60	0. 79	0. 81	0. 69	0. 56	0. 88	0. 87

（三）共同方法偏差检验

为达到检验共同方法偏差的目的，本书将借助 SPSS 软件中 Harman 单因素的检验。经过不旋转的因子分析析出 9 个公因子，其中 30. 87%是第一个公因子的解释率，此解释率低于 40%的临界标准，说明本书在共同方法上没有偏差问题，可用于下一步数据分析。

（四）工作—家庭冲突和离职意愿在人口统计学变量上的影响差异

性别差异分析如表 5-16 所示。

表 5-16　性别差异分析

维度	男	女	t
WIF	15. 46±5. 77	14. 20±5. 43	2. 988**
FIW	12. 37±5. 17	9. 15±3. 89	4. 254***
TI	12. 68±4. 38	12. 22±3. 86	−0. 611

注：* 表示 $p<0.05$，** 表示 $p<0.01$，*** 表示 $p<0.001$，下同。

从性别差异的角度来看，性别作为一个分类变量，分为男性和女性，对工作—家庭冲突的影响进行差异性分析的手段是进行独立样本 T 检验。男性和女性的工作对家庭产生的影响、家庭对工作产生的影响以及二者共同的影响是存在显著差异的。且较女性而言，男性的工作—家庭冲突更为显著。

从年龄角度看，在工作对家庭冲突这一维度上，得分最高的员工在 30 岁以下，41~50 岁的员工得分仅次于 30 岁以下员工，51~60 岁的员工得分最低；在家庭对工作冲突维度上，得分最高的员工在 41~50 岁，30 岁以下的员工次之，得分最低的员工是 51~60 岁；在离职意愿维度上，年龄越小的员工得分越高，低于 30 岁的员工得分显著高于其他年龄段的员工，如表 5-17 所示。

表 5-17　不同年龄段的员工的差异分析

维度	1	2	3	4	F
WIF	16. 83±5. 71	14. 89±5. 59	16. 19±4. 38	13. 51±7. 79	2. 298*
FIW	10. 73±4. 86	10. 35±4. 70	10. 85±4. 73	8. 00±3. 51	2. 044*
TI	13. 87±4. 27	11. 77±4. 21	10. 99±2. 81	9. 58±5. 71	3. 314*

注：18~30 岁用 1 代表，31~40 岁年龄层用 2 代表，41~50 岁年龄层用 3 代表，51~60 岁年龄层用 4 代表。

在任职时长层面上，在工作对家庭冲突这一维度上，任职时长不低于 9 年的员工的得分显著低于其他工作年限的员工。在家庭对工作的冲突维度上，任职时长大于等于 10 年的员工得分显著低于工作 3~9 年的员工，得分最高的是工作不满 1 年的员工。而在离职意愿维度上，任职时间为 1~2 年的员工的得分显著高于任职时间为 6~9 年的员工，如表 5-18 所示。

表 5-18　不同任职时长的员工的差异分析

维度	1	2	3	4	5	F
WIF	15. 81±6. 09	14. 88±4. 36	15. 39±5. 41	15. 61±5. 18	12. 56±7. 68	0. 84*
FIW	11. 36±5. 18	8. 15±3. 18	10. 37±4. 58	11. 27±5. 31	7. 22±3. 15	2. 494*
TI	11. 15±3. 84	9. 50±4. 11	12. 48 ±4. 19	11. 13±3. 64	10. 22±4. 87	2. 558*

注：1 代表任职 1 年以内，2 代表任职 1~2 年，3 代表任职 3~5 年，4 代表任职 6~9 年，5 代表任职 10 年及以上。

在工作—家庭冲突维度上，基于婚姻状况来讨论，得出以下结论：未婚无对象、未婚有对象的员工的得分明显低于离婚无子女的员工；在家庭—工作冲突维度上，离婚无子女的员工的得分显著高于其他员工；在离职意愿维度上，已婚未育、已婚已育的员工的得分显著低于未婚无对象员工，离婚无子女员工的得分显著高于已婚未育、已婚已育的员工，如表5-19所示。

表5-19　不同婚姻状况的员工的差异分析

维度	1	2	3	4	5	6	*F*
WIF	14.96±4.99	14.24±4.76	16.54±4.81	13.11±4.91	17.75±2.23	14.82±5.95	3.114*
FIW	10.44±4.73	10.19±4.62	10.35±4.73	9.31±3.92	13.30±4.61	9.51±4.53	1.533*
TI	13.95±3.93	12.36±4.01	9.73±4.62	10.24±3.76	13.20±3.10	11.64±4.15	3.588**

注：1代表未婚无对象，2代表未婚有对象，3代表已婚未育，4代表已婚已育，5代表离婚无子女，6代表离婚有子女。

在不同学历层面上，在离职意愿上，低学历员工得分显著高于高学历员工。硕士研究生学历的员工最不容易产生离职意愿，大专学历的员工最有可能产生离职意愿。工作—家庭冲突两个维度的学历差异性不显著，如表5-20所示。

表5-20　不同学历的员工的差异分析

维度	1	2	3	4	5	*F*
WIF	15.14 ± 5.72	15.78±5.22	14.52±6.71	9.59±2.54	14.54±4.83	1.187
FIW	10.26±4.87	9.92±4.15	10.69±5.88	8.15±5.41	10.55±5.44	1.345
TI	12.15±4.11	12.79±4.21	9.65±4.33	5.11±1.73	9.47±4.15	5.121**

注：1代表高中及以下，2代表大专，3代表本科，4代表硕士，5代表博士。

（五）工作—家庭冲突、工作满意度、组织承诺与离职意愿之间关系的假设检验

1. 工作—家庭冲突对员工离职意愿的影响效应检验

在回归分析前对工作—家庭冲突、离职意愿、工作满意度、组织承诺以及控制变量进行相关分析，根据表5-21中的分析结果可知：

呈现明显正相关的是员工的工作—家庭冲突和家庭—工作冲突与离职意愿，员工的工作满意度与外在满意度、内在满意度、组织承诺，员工的外在满意度与内在满意度、组织承诺，员工的内在满意度与组织承诺。

以上分析结果可验证本实证研究的假设H_2。

表 5-21 各变量间的相关系数矩阵

变量	M	SD	1	2	3	4	5	6	7	8	9	10
1WIF	2.67	1.43	1									
2FIW	2.64	1.41	0.454**	1								
3TI	0.54	0.31	0.313**	0.113*	1							
4JS	2.76	1.41	-0.321**	-0.075	-0.222**	1						
5EJS	2.83	1.43	-0.281**	-0.038	-0.192**	0.337**	1					
6IJS	2.69	1.40	-0.312**	-0.098	-0.195**	0.378**	0.741**	1				
7OC	3.58	1.18	-0.014*	-0.213**	-0.328**	0.243**	0.258**	0.595**	1			
8AC	3.53	1.17	-0.173*	-0.067	-0.152**	0.223**	0.213**	0.219**	0.343**	1		
9CC	3.67	1.07	-0.259**	-0.259**	-0.222*	0.134*	0.167*	0.143	0.266**	0.271*	1	
10NC	3.56	1.21	-0.057	-0.195	-0.263**	0.261**	0.649**	0.604**	0.571**	0.743*	0.401**	1

注：* 表示 $p<0.05$，** 表示 $p<0.01$。

2. 工作满意度在工作—家庭冲突与员工离职意愿之间的中介作用检验

将工作满意度作为中介变量纳入模型进行回归分析，验证结果如表 5-22 所示。首先探讨的是工作—家庭冲突对离职意愿的影响，分析结果为 M_1；然后探讨的是工作—家庭冲突对工作满意度的影响，分析结果为 M_2；最后探讨的是工作—家庭冲突和工作满意度对离职意愿的影响，分析结果为 M_3。由表可知工作—家庭冲突的回归系数是-0.317（$P<0.01$），中介变量的系数 $\beta=-0.222$，回归系数的绝对值下降，效应在 0.01 的水平上显著，能够解释离职意愿 21.8%的方差变异，即工作满意度在二者之间中起部分中介作用。假设 H_3 得到验证。

表 5-22　工作满意度的中介作用分析

变量		M_1	M_2	M_3
控制变量	性别	0.108**	-0.204	0.137
	年龄段	0.159*	-0.119	0.147
	学历水平	0.034	0.028	0.020
	任职时长	0.019	0.059	0.034
	企业性质	0.067	0.032	0.065
	婚姻状况	0.167*	0.153	0.165*
自变量	工作—家庭冲突	0.321**	-0.366**	-0.317**
中介变量	工作满意度	—	—	-0.222**
Adj_R^2		0.241	0.333	0.218
F 值		82.923**	92.313**	83.898**

注：* 表示 $p<0.05$，** 表示 $p<0.01$。

将内在满意度作为中介变量纳入模型进行回归分析，验证结果如表 5-23 所示。首先探讨的是工作—家庭冲突对离职意愿的影响，分析结果为 M_1；其次探讨的是工作—家庭冲突对内在满意度的影响，分析结果为 M_2；最后探讨的是工作—家庭冲突和内在满意度对离职意愿的影响，分析结果为 M_3。由表可知工作—家庭冲突的回归系数是-0.327（$P<0.01$），中介变量的系数 $\beta=-0.192$，回归系数的绝对值下降，效应在 0.01 的水平上显著，能够解释离职意愿 11.5%的方差变异，即内在满意度在工作—家庭冲突和离职意愿中起部分中介作用。假设 H_{6a} 得到验证。

表 5-23　内在满意度的中介作用分析

变量		M_1	M_2	M_3
控制变量	性别	0. 108**	-0. 165	0. 142
	年龄段	0. 159*	-0. 103	0. 149
	学历水平	0. 034	0. 020	0. 032
	任职时长	0. 019	0. 034	0. 046
	企业性质	0. 067	0. 089	0. 063
	婚姻状况	0. 167*	0. 152	0. 159
自变量	工作—家庭冲突	0. 321**	-0. 361**	-0. 327**
中介变量	内在满意度	—	—	-0. 192**
Adj_R^2		0. 141	0. 297	0. 115
F 值		82. 923**	89. 257**	81. 955**

注：* 表示 p <0. 05，** 表示 p <0. 01。

将外在满意度作为中介变量纳入模型进行回归分析，验证结果如表 5-24所示。首先探讨的是工作—家庭冲突对离职意愿的影响，分析结果为 M_1；其次探讨的是工作—家庭冲突对外在满意度的影响，分析结果 M_2；最后探讨的是工作—家庭冲突和外在满意度对离职意愿的影响，分析结果为 M_3。由表可知工作—家庭冲突的回归系数是-0. 342（p <0. 01），中介变量的系数 β =-0. 195，回归系数的绝对值下降，效应在 0. 01 的水平上显著，能够解释离职意愿 12. 6%的方差变异，即外在满意度在工作—家庭冲突和离职意愿中起部分中介作用。假设 H_{6b}得到验证。

表 5-24　外在满意度的中介作用分析

变量		M_1	M_2	M_3
控制变量	性别	0. 108**	-0. 205	0. 152
	年龄段	0. 159*	-0. 131	0. 148
	学历水平	0. 034	0. 031	0. 011
	任职时长	0. 019	0. 054	0. 018
	企业性质	0. 067	0. 057	0. 069
	婚姻状况	0. 167*	0. 166	0. 171

表5-24(续)

变量		M_1	M_2	M_3
自变量	工作—家庭冲突	0.321**	-0.363**	-0.342**
中介变量	外在满意度	—	—	-0.195**
Adj_R^2		0.141	0.252	0.126
F 值		82.923**	89.184**	85.989**

注：* 表示 $p<0.05$，** 表示 $p<0.01$。

采用Sobel 检验进一步检验工作满意度的中介作用，检验结果如表 5-25 所示。由表可知，工作满意度（$Z=4.41$，$p=0.001<0.01$）的中介作用得到验证。

表 5-25　Sobel 检验的中介作用

	工作满意度
Z 值	4.41
标准误差	0.032
p	0.001

3. 组织承诺在工作—家庭冲突与员工离职意愿之间的中介作用检验

将组织承诺作为中介变量纳入模型进行回归分析，验证结果如表 5-26 所示。首先探讨的是工作—家庭冲突对离职意愿的影响，分析结果为 M_1；其次探讨的是工作—家庭冲突对组织承诺的影响，分析结果为 M_2；最后探讨的是工作—家庭冲突和组织承诺对离职意愿的影响，分析结果为 M_3。由表可知工作—家庭冲突的回归系数是-0.377（$p<0.01$），中介变量的系数 $\beta=-0.328$，回归系数的绝对值下降，效应在 0.01 的水平上显著，能够解释离职意愿 14.7%的方差变异，即组织承诺在工作—家庭冲突和离职意愿中起部分中介作用。本实证研究的假设 H_4 得到验证。

表 5-26 组织承诺的中介作用分析

变量		M_1	M_2	M_3
控制变量	性别	0.108**	-0.172	0.089
	年龄段	0.159*	-0.049	0.161
	学历水平	0.034	0.001	0.037
	任职时长	0.019	0.119	0.012
	企业性质	0.067	-0.052	0.045
	婚姻状况	0.167*	-0.001	0.162
自变量	工作—家庭冲突	0.321**	-0.356**	-0.377**
中介变量	组织承诺			-0.328**
Adj_R^2		0.141	0.214	0.147
F 值		82.923**	91.557**	83.849

注：* 表示 $p<0.05$，** 表示 $p<0.01$。

将情感承诺作为中介变量纳入模型进行回归分析，验证结果如表 5-27 所示。首先探讨的是工作—家庭冲突对离职意愿的影响，分析结果为 M_1；其次探讨的是工作—家庭冲突对情感承诺离职意愿的影响，分析结果为 M_2；最后探讨的是工作—家庭冲突和情感承诺对离职意愿的影响，分析结果为 M_3。由表可知工作—家庭冲突的回归系数是-0.326（$p<0.01$），中介变量的系数 $\beta=-0.152$，回归系数的绝对值下降，效应在 0.01 的水平上显著，能够解释离职意愿 14.6%的方差变异，即情感承诺在工作—家庭冲突和离职意愿中起部分中介效应作用。假设 H_{4a}没有得到验证。

表 5-27 情感承诺的中介作用分析结果

变量		M_1	M_2	M_3
控制变量	性别	0.108**	-0.193	0.105
	年龄段	0.159*	-0.104	0.155
	学历水平	0.034	0.012	0.032
	任职时长	0.019	0.111	-0.049
	企业性质	0.067	0.024	-0.061
	婚姻状况	0.167*	0.147	0.164

表5-27(续)

变量		M_1	M_2	M_3
自变量	工作—家庭冲突	0.321**	-0.337**	-0.326**
中介变量	情感承诺	—	—	-0.152
Adj_R^2		0.141	0.201	0.146
F 值		82.923**	87.555**	82.313

注：* 表示 $p<0.05$，** 表示 $p<0.01$。

将持续承诺作为中介变量纳入模型进行回归分析，验证结果如表 5-28 所示。首先探讨的是工作—家庭冲突对离职意愿的影响，分析结果为 M_1；其次探讨的是工作—家庭冲突对持续承诺的影响，分析结果为 M_2；最后探讨的是工作—家庭冲突和持续承诺对离职意愿的影响，分析结果为 M_3。由表可知工作—家庭冲突的回归系数是-0.315（$p<0.01$），中介变量的系数 $\beta=-0.222$，回归系数的绝对值下降，效应在 0.01 的水平上显著，即持续承诺在工作—家庭冲突和离职意愿中起部分中介作用。本实证研究的假设 H_{4b} 得到验证。

表 5-28　持续承诺的中介作用分析

变量		M_1	M_2	M_3
控制变量	性别	0.108**	-0.204	0.091
	年龄段	0.159*	-0.119	0.138
	学历水平	0.034	0.028	0.037
	任职时长	0.019	0.059	0.013
	企业性质	0.067	0.032	0.068
	婚姻状况	0.167*	0.153	0.161
自变量	工作—家庭冲突	0.321**	-0.346**	-0.315**
中介变量	持续承诺	—	—	-0.222**
Adj_ R^2		0.141	0.233	0.147
F 值		82.923**	92.313**	83.830

注：* 表示 $p<0.05$，** 表示 $p<0.01$。

将规范承诺作为中介变量纳入模型进行回归分析，验证结果如表 5-29 所示。首先探讨的是工作—家庭冲突对离职意愿的影响，分析结果为 M_1；

其次探讨工作—家庭冲突对规范承诺的影响，分析结果为 M_2；最后探讨的是工作—家庭冲突工作—家庭冲突和规范承诺对离职意愿的影响，分析结果为 M_3。由表可知工作—家庭冲突的回归系数是-0.308（$p<0.01$），中介变量的系数 $\beta=-0.263$，回归系数的绝对值下降，效应在0.01的水平上显著，即规范承诺在工作—家庭冲突和离职意愿中起部分中介作用。假设 H_{7c} 得到验证。

表 5-29　规范承诺的中介作用分析

变量		M_1	M_2	M_3
控制变量	性别	0.108**	-0.247	0.109
	年龄段	0.159*	-0.134	0.157
	学历水平	0.034	0.075	0.040
	任职时长	0.019	0.088	0.011
	企业性质	0.067	0.164	0.052
	婚姻状况	0.167*	0.133	0.160
自变量	工作—家庭冲突	0.321**	-0.349**	-0.308**
中介变量	规范承诺	—	—	-0.263**
Adj_R^2		0.141	0.257	0.158
F 值		82.923**	93.013**	83.252

注：* 表示 $p<0.05$，** 表示 $p<0.01$。

采用 Sobel 检验进一步检验组织承诺的中介效应，结果如表 5-30 所示。由表可知，组织承诺（$Z=3.744$，$p=0.001<0.01$，se=0.117）的中介效应得到验证，情感承诺（$Z=2.270$，$p=0.057>0.05$，se=0.125）的中介效应没有得到验证。

表 5-30　Sobel 检测的中介作用

	组织承诺	情感承诺
Z 值	3.744	2.270
标准误差（se）	0.117	0.125
p 值	0.001	0.057

（六）工作—家庭冲突与离职行为之间关系的假设检验

在现实中，工作—家庭冲突始终是存在的，为什么有的冲突只产生离职意愿，而有的冲突导致了离职行为？为了进一步、更加准确地讨论工作家庭冲突与离职行为之间的关系，我们根据冲突的剧烈程度，将工作—家庭冲突划分为1~5等，只有当冲突达到一定程度的时候，离职的意愿才转化为离职的行为。对工作—家庭冲突和离职行为以及控制变量进行相关分析，根据表5-31中的分析结果可知：工作—家庭冲突与离职行为为显著正相关。在研究样本中，当工作—家庭冲突不低于3.26，即当冲突达到65.2%时，员工会发生离职行为。

表5-31 工作—家庭冲突与离职行为间相关系数矩阵

变量	M	SD	离职行为	工作—家庭冲突
1	0.43	0.30	0.846	—
2	3.26	0.98	0.159**	0.913

注：* 表示 $p<0.05$，** 表示 $p<0.01$。

（七）假设检验结果汇总

本实证研究总共提出了5个研究假设，其中假设 H_3 包含两个子假设，假设 H_4 包含3个子假设，通过实证分析对提出的假设进行检验，假设检验结果如表5-32所示。由表可知，有1个假设（H_{4a}）不成立，其余假设都得到了本次调研的数据支持。

表5-32 假设检验结果汇总

编号	研究假设	检验结果
H_1	变量在人口统计学上存在显著差异	成立
H_2	工作—家庭冲突与离职意愿显著相关	成立
H_3	工作满意度在员工工作—家庭冲突对离职意愿的影响中起部分中介作用	成立
H_{3a}	内在满意度在员工工作—家庭冲突对离职意愿的影响中起部分中介作用	成立

表5-32(续)

编号	研究假设	检验结果
H_{3b}	外在满意度在员工工作—家庭冲突对离职意愿的影响中起部分中介作用	成立
H_4	组织承诺在员工工作—家庭冲突对离职意愿的影响中起部分中介作用	成立
H_{4a}	情感承诺在员工工作—家庭冲突对离职意愿的影响中起中介作用	不成立
H_{4b}	持续承诺在员工工作—家庭冲突对离职意愿的影响中起部分中介作用	成立
H_{4c}	规范承诺员工工作—家庭冲突对离职意愿的影响中起部分中介作用	成立
H_5	再无其他因素干扰时，工作—家庭冲突和离职行为显著正相关	成立

（八）假设检验结果讨论

1. 工作—家庭冲突在人口统计学变量上的影响差异

研究表明，女性的工作对家庭造成的负面影响和家庭对女性的工作造成的负面影响都明显低于男性，这与2009年张竹浓的研究结果一致。这可能是因为男性和女性受到的文化熏陶不一样。受传统文化影响，中国家庭的经济责任更多是由男性承担，其他家庭责任（打扫卫生、照顾孩子等）则是由女性承担。但现代社会对男性的要求除了承担工作职责，还有履行家庭义务，所以工作—家庭的负面影响对男性而言明显高于女性。此外，研究表明，当人类在面对压力时容易产生负面情绪，但是男性大多不会用语言或其他形式表达，更多是选择自己慢慢消化，久而久之，这种负面情绪累积得越来越多，就会导致冲突程度越来越高。

研究表明，不同年龄段的员工面临的工作—家庭冲突程度是不同的，相比年轻的员工，就家庭对工作造成的负面影响来说，41~50岁员工的冲突程度最高，51~60岁员工的冲突程度最低。这可能与员工的家庭结构相关。年轻员工的家庭—工作冲突主要来源于原生家庭，而较年长的员工的家庭—工作冲突还来源于配偶和子女，其中41~50岁的员工的家庭—工作冲突还可能来自孙辈，所以这一年龄段的家庭—工作冲突明显高于其他年龄段。而51~60岁这一阶段是员工退休前的阶段，员工在此期间的工作难度一般不大，工作量也相对较小，所以工作对家庭造成的负面影响较低。此外，这一时期的员工在家庭中属于年长者，家庭成员对他们没有太高的家庭任务要求，只希望他们照顾好自己的身体，因此他们的家庭对工作导致的负面影响也相对较低。

研究结果表明，员工工作年限会对员工的工作—家庭冲突造成影响。就工作对家庭造成的负面影响而言，工作 10 年以上的员工的冲突程度明显低于其他工作年限的员工。就家庭对工作造成的负面影响而言，工作 3~9 年的员工的冲突程度明显高于 10 年及以上的员工。最可能发生家庭变动的是工作年限在 10 年以下的员工，这是员工人生的关键期，孩子的成长需要他们的陪伴，父母的身体健康也需要他们花费更多的时间和精力，此时家庭—工作的冲突就会较大。

研究发现，不同婚姻状况的员工面临不同程度的工作—家庭冲突，没有结婚的员工的工作家庭的负向影响明显低于离婚且没有孩子的员工。其原因可能是现代社会的许多家庭中一对夫妻可能照顾多位年长者和孩子，当夫妻与父母、孩子同住，他们将用更多的时间陪伴孩子和照顾老人，这将不可避免地缩短他们的工作时间，消耗他们的精力，减少他们对工作的投入。

2. 工作—家庭冲突与离职意愿的关系

在控制了年龄、性别、学历水平、企业性质和任职时长之后，研究显示员工的工作—家庭冲突会正向影响员工的离职意愿，即家庭对工作造成的负面影响或工作对家庭造成的负面影响程度越高，员工越有可能产生离职意愿。该结论与曾浩等的研究结果一致，与现实情况也非常吻合。工作和家庭两个层面的角色冲突，是每个人都会经历的一种压力源。当个人在一个领域中扮演的角色干扰到另一个领域扮演的角色时，个人将分身乏术，无法同时满足两个领域的需求。个人对组织的不满是一个逐渐演变的过程，离职意愿也是长期形成而非一朝一夕产生的。相较于家庭而言，当代员工在工作上的压力更大，这要求他们不得不花费更多时间在工作上，这常常导致他们与家人聚少离多，很多家庭活动都无法参与或者临时取消。如果管理层没有及时意识到这种消极情况并且做出正确的应对，冲突程度将会越来越高。公司团建等占用员工业余时间的活动，不仅不能得到员工家属的支持，可能因员工家属反对而无法取得良好效果。

3. 工作满意度的中介作用分析

工作满意度回归分析的研究表明，员工的离职意愿受工作—家庭冲突两个维度冲突的正向影响，而工作满意度受工作—家庭冲突两个维度冲突的负向影响。这一结果与 Harter、Carsten 和 Spector、Mobley 的研究结果以及林銮珠、曾辉与万敏的研究结论是一致的。同时还告诉我们，如果公司要减少员工的离职意愿并提高员工工作满意度，就必须关注员工的工作—家庭冲突问题。本书还提出工作满意度总维度和两个子维度在工作—家庭冲突与离职意愿的关系中起部分中介作用。这也表明影响员工离职意愿的其他因素有待进一步研究。此外，企业可以通过提高员工工作满意度来实现降低工作—家庭冲突对离职意愿负面影响的目标。比如，企业可以通过改善工作环境以提高员工的工作满意度，削弱员工因工作—家庭冲突而产生的离职意愿。

4. 组织承诺的中介作用分析

对组织承诺进行回归分析，结果表明员工的离职意愿受工作—家庭冲突两个维度冲突的正向影响，而组织承诺受工作—家庭冲突两个维度冲突的负向影响。这与国外学者 Halpern、国内学者陈忠卫等的研究结果是相同的，同时也为企业管理者提供了管理思路，企业关注员工的工作—家庭冲突有利于提高员工的组织承诺并降低员工的离职意愿。员工的组织承诺、持续承诺和规范承诺，在工作—家庭冲突与离职意愿的关系中起部分中介作用，但情感承诺的中介作用没有得到验证。这也表明，组织承诺三个子维度的作用机制是存在差异的，今后的研究有必要进一步考察组织承诺的作用机制，尤其是情感承诺的作用路径。另外，研究表明，企业要降低工作—家庭冲突对离职意愿的负面影响，还可以通过提高员工组织承诺来实现。比如，企业可以通过文化建设提高员工的工作满意度、削弱员工因工作—家庭冲突而产生的离职意愿。

五、研究结论

本书的实证分析探讨了员工的工作—家庭冲突对离职意愿的影响，验证了工作满意度和组织承诺在其中的中介作用，得出以下结论：

（1）在人口统计学变量上，工作—家庭的冲突和离职意愿之间存在明

显差异

研究表明，在人口统计学变量上，不同性别、不同工作年限和不同婚姻状况的员工的工作—家庭冲突程度是不等的。从性别方面来说，男性较女性的工作—家庭冲突的表现程度更高；从工作年限来说，工作 10 年以上的员工的工作—家庭冲突的表现程度最低；从婚姻状况分析，离异且没有孩子的员工面临的工作—家庭冲突的程度最高。家庭与工作的冲突在性别、工作年限、婚姻状况和学历这四方面存在显著差异：从性别方面来说，女性较男性的家庭—工作冲突更低；从工作年限来说，工作 10 年以上的员工的家庭—工作冲突最低；从婚姻状态方面来说，离婚无子女的员工的家庭—工作冲突最高；从学历方面来说，硕士研究生学历的员工的家庭—工作冲突最低。离职意愿在年龄段、工作年限和学历这四个方面存在显著差异：年龄在 18~30 岁、工作年限为 3~5 年、婚姻状况是未婚无对象以及学历为大专的员工的离职意愿和其他员工的离职意愿相比更加强烈。

（2）工作—家庭冲突及两个子维度都会对离职意愿产生正向影响

在离职意愿方面，工作—家庭冲突和两个子维度都会对其产生影响。员工的工作—家庭的冲突程度越高，员工的离职意愿也会越高；员工的家庭因素与工作的冲突程度越高，员工的组织承诺和工作满意度水平就会越低，产生离职意愿的程度就越高。

（3）工作满意度、组织承诺在工作—家庭冲突和员工离职意愿之间有显著的部分中介作用

研究表明，员工的工作满意度、组织承诺在工作—家庭冲突和员工离职意愿之间有显著的部分中介作用，即员工的工作—家庭冲突可以通过他的工作满意度和组织承诺来间接影响他的离职意愿。

（4）只有工作—家庭冲突达到一定程度的时候，离职意愿才会转化为离职行为。

控制了人口统计学变量的情况下，工作—家庭冲突对员工产生离职意愿、离职行为造成一定影响，对离职意愿的影响可以通过两个中介变量来达到。如果意愿没有被及时打消，冲突的程度将不断加剧，直到工作—家庭冲突高于一定阈值，此时员工会产生离职行为。

第六章　研究启示与建议

本书用不同的理论和基本相同的研究方法，分别从工作嵌入和工作—家庭冲突的角度对不同的样本对象进行了员工离职问题的实证研究，得出了一些具有一致性的研究结论：在人口统计学变量上，无论是工作嵌入还是工作—家庭冲突，都与离职意愿存在显著差异；影响离职意愿和行为的因素有很多，职业规划、嵌入满意度在工作嵌入和离职意愿之间起中介作用，工作满意度和组织承诺在工作—家庭冲突之间起中介作用。当然，应用的理论和研究角度的差异也会导致研究结论的差异。通过研究，本书得出如下研究启示和建议：

一、更高的学历和技能有利于个人职业选择，可降低员工离职意愿

根据差异性分析的结果，新生代员工的学历水平越高，他入职后与企业的嵌入程度也会越高。文化程度和学历较高的员工的离职意愿较低，硕士研究生学历的员工的工作—家庭冲突和离职意愿比较低学历的员工低。因此企业大力引进高学历员工有助于提高员工与企业之间的整体嵌入程度。在实际操作中，企业可以鼓励员工提升学历，对考取在职研究生的员工给予一定的奖励与补贴，也可以加强与高校的合作交流，为员工提供更多培训、访学、交流活动的机会，营造良好的工作学习氛围，培养员工终身学习的习惯。鼓励员工继续学习，一方面可以帮助员工提升专业知识技能，另一方面也可通过帮助员工明确其个人职业选择，在一定程度上进一步提升员工与工作的匹配感，降低员工流失风险。政府应在员工与企业间给予更多政策上的帮扶，组织企业间的交流沟通，以政策激励企业创新进步，引导企业深化内部交流、完善培训体系，落实创新激励政策与奖励，

引导员工自觉提升知识储备与学历，促进社会实现良性循环。此外，通过员工在职培训学习，企业可以实时了解员工的职业技能状况，以便根据员工自身能力优化岗位配置，可在一定程度上增强员工与岗位适配性，优化组织架构，提高企业的整体效率。

二、扩展入职培训内容，重视员工职业规划，有助于提高员工的职业稳定性

根据实证研究的结论，学校可设立职业规划课程，向未进入职场的同学介绍职业发展的规划思路与方法，邀请有工作经验的学长、学姐为在校学生讲解职业的成长路径，让学生在走进职场前对自己的职业道路有一个客观了解，鼓励学生利用暑期走进企业实习，切实了解职业。企业可以从帮助员工建立明确的职业规划入手，在入职前谈话与入职培训时向员工充分说明入职后的工作内容、职责、拥有的资源、职位晋升空间、职业发展前景、所在团队的特色、组织成员等内容，帮助刚入职的员工全面了解组织情况。在充分了解新生代员工的教育水平、就业经历等信息后，帮助新入职员工明确职业发展规划，并定期与员工进行双向沟通交流，了解员工在职业发展选择上的困惑、需求，及时给予帮助。政府可以规范职业学校的教学内容，提升职业学校教育的专业性，为学生提供更加清晰的职业规划和发展路线，方便学生对所学职业技能有更清晰的认知，并选择更合适的学习路线。这样学生进入职场以后，会更具有职业稳定性。

三、适量的工作嵌入干预，有助于员工提升组织匹配感

研究表明，员工的组织匹配感知程度越高，离职意愿越低。企业在此基础上可以通过以下几种方式提升员工的组织匹配感：首先，企业可以通过入职培训来帮助员工了解企业的情况，向员工传达企业的价值观与发展目标，引导员工思考个人价值观与企业目标的契合度，从思想上提高员工与企业间的组织匹配度；其次，企业内部合理安排的团建活动有助于员工与其他成员之间有更为深入的了解，而轻松的活动氛围有助于减少员工的

拘束感，形式多样的团建活动也可丰富员工的工作与生活，增加员工之间的联系与互动，使他们产生形成较高的组织匹配感；最后，可在企业内部设立兴趣小组、兴趣社团，让员工一起钻研工作之外感兴趣的事，这也有助于员工进行跨部门之间的交流与活动。这类非正式的组织团体也可增加员工的组织匹配感。社区可组织各类活动，给年轻人提供交流的场合与机会，促进形成更为紧密的嵌入关系。通过建立健全社区、公共景点等的基础服务，为企业组织团建、交流等活动提供更加便捷的服务、交通支持。

四、企业需要健全嵌入干预反馈机制

相关分析显示，嵌入满意度越高，员工离职意愿越低，拥有较高嵌入满意度的员工同时也与企业间存在较紧密的组织联系。本书的实证研究说明在企业进行嵌入干预时给予员工的参与自由度会对员工的嵌入满意度产生影响，并进一步影响干预结果。因此，企业在组织各项团建活动前需要充分了解新生代员工的喜好与个人安排，给予新生代员工充分的参与自由选择权，在活动后也需要及时与员工交流，了解员工的满意度，及时把握嵌入干预的效果，动态调整干预措施。政府应监督劳动保护落实，以防企业原因造成的加班、绩效评定乱象，影响员工身心健康和社会发展正常节奏。

五、工作—家庭冲突程度达到阈值前的干预，可以避免员工的离职意愿转化为离职行为

要通过干预员工的工作—家庭冲突来有效降低员工的离职意愿，在冲突程度达到一定阈值以前进行积极干预，避免离职意愿转化为离职行为。员工的工作—家庭冲突是普遍存在的，在冲突达到一定阈值前，企业需要全方位掌握员工冲突产生的原因，并实施高效的 HPWS（高绩效工作系统），给员工提供物质和精神支持，帮助员工积极对待工作—家庭冲突，提升员工效能，提高员工应对工作—家庭冲突的能力，避免员工因工作—家庭冲突的影响使离职意愿转化为离职行为。一方面，企业通过聘请专业人员定期对员工及其家属开展专业培训和心理指导，结合适当团建活动增

加家属对员工工作的了解，有助于降低员工无故旷工和自愿离职。另一方面，企业可以通过岗位设计优化工作流程，使员工明白自己真正的职责，使员工拥有更多的自主权和加强自我管理。企业可以通过建立同侪支持小组，增强同事之间的相互支持；或提供员工援助计划，为缓解工作—家庭冲突提供支持，缓解员工的角色冲突。研究发现，员工在不同的职业生涯时段面临的冲突程度不同，企业可以在员工的不同职业生涯阶段提供针对性支持，包括职级晋升、角色转换和拓宽职业领域等。研究发现，员工工作年限越长，面临的工作—家庭冲突程度越低，所以企业可以多招聘工作经验丰富的员工，对新入职的员工开展企业文化培训，加强组织对新员工的吸引力，帮助新员工快速提高职业技能。此外，因为家庭结构健全的员工的工作和家庭层间冲突程度最低，企业可以鼓励员工尽早解决个人问题，还可以通过建立养老院、幼儿园或者幼儿托管中心，帮助员工解决父母养老和子女入学问题，减少工作—家庭冲突。

六、提升工作满意度和组织承诺水平可以降低员工的离职意愿

工作—家庭冲突可以通过工作满意度、组织承诺对员工的离职意愿和离职行为造成影响，而这种影响是负面的。所以，企业为降低员工的主动离职率，可以提升员工的工作满意度、增加员工对组织的持续承诺和规范承诺。根据 Herzber 和 Capwell 提出的工作满意度双因素模型，提高员工的工作满意度，先要满足员工的保健因素，只有在员工的基本保健因素得到满足后，再添加一定的激励因素，才能达到较好的激励效果。满足员工的保健因素，即优先保障员工的物质基础，如保证基本工资的公平，在此基础上，根据员工的绩效再给予不同的薪酬激励。此外，企业还需要营造良好的组织环境和人际关系，加强企业文化建设，提高企业活力。例如明确员工晋升途径、开展专业培训、支持员工提高学历等。最后，对处于职业生涯初期和职业生涯高原期的员工，要重点关注，采取不同的激励措施。例如，企业可以对处于职业高原期的员工采用轮岗制度，增加工作挑战性，鼓励员工不断创新，提高员工的工作满意度和组织承诺水平。

参考文献

［1］于长湖. 离职管理［M］. 北京：中国经济出版社，2008.

［2］刘静，朱健. 企业员工离职原因分析与改善策略探讨［J］. 企业改革与管理，2020（6）：90-91.

［3］邝少霖，黎丰强. 严控青年员工离职率［J］. 人力资源，2021（20）：16-17.

［4］MOBLEY W H，HORNER S O，HOLLINGSWORTH A T. An evaluation of precursors of hospital employee turnover［J］. Appl Psychol，1978，63（4）：408-414.

［5］袁庆宏，钱珊珊，王春艳. 员工离职研究综述与展望［J］. 中国人力资源开发，2017（4）：6-14.

［6］李妮. 基于工作嵌入理论的新生代员工离职管理研究［D］. 绵阳：西南科技大学，2020.

［7］朱飞，岳美琦，章婕璇. 组织职业生涯管理与人力资源管理强度一致性对员工离职倾向的影响机制研究：职业满意度的中介作用和雇主品牌的调节作用［J］. 中央财经大学学报，2021（12）：6.

［8］尤亮，李根丽. 过度教育与劳动者离职倾向［J/OL］. 外国经济与管理，2023，45（12）：80-95.

［9］李青，许丽英，王云，等. 疫情防控背景下社会工作者的职业倦怠和离职意向：职业自我关怀的调节作用［J］. 中国医学伦理学，2023，36（2）：160-166.

［10］杨伟文，李超平. 资质过剩感对个体绩效的作用效果及机制：基于情绪—认知加工系统与文化情境的元分析［J］. 心理学报，2021，53（5）：527-554.

［11］王晔安，郑广怀，朱苗. 职业支持：社会认同理论与职业认同的新维度［J］. 社会发展研究，2021，8（1）：52-75，242.

［12］李正东，郭森森. 工作压力何以影响员工的离职倾向?：自我效能感的视角［J］. 华东理工大学学报（社会科学版），2021，36（2）：69-85.

［13］季浩，严进，国维潇. 职业污名与离职倾向：牵连家人污名与家庭卷入的作用［J］. 心理学报，2022，54（2）：182-191.

［14］刘莉，任广乾，郑敏娜. 高管主动离职、薪酬契约参照点与企业绩效［J］. 会计研究，2022（1）：70-83.

［15］魏巍，刘贝妮，凌亚如. 平台算法下数字零工职业污名感知对离职倾向的影响［J］. 中国人力资源开发，2022，39（2）：18-30.

［16］李亚伯，蔡英和. 工作资源对新生代员工离职倾向影响研究：社会阶层的调节作用［J］. 软科学，2021，35（2）：90-95.

［17］李龙娟，李盛兵. 职业召唤对高校青年教师离职倾向的影响：职业承诺的中介作用和组织支持的调节作用［J］. 高教探索，2023（2）：33-43.

［18］尚元东，张惠芳，金雨蓬. 乡村教师工作压力对离职倾向的影响研究［J］. 牡丹江师范学院学报（社会科学版），2023（1）：48-57.

［19］谢庆斌，吴若谦，陈昱玲，等. 幼儿园教师情绪劳动对离职倾向的影响：情绪耗竭和职业幸福感的多重中介作用［J］. 教师教育研究，2023，35（3）：74-81.

［20］骆四铭，任丽红，李琼. 特岗教师离职倾向影响因素探析［J］. 教学与管理，2023（3）：30-33.

［21］孙冉，杜屏. 工作特征与深度贫困乡村地区新教师的离职倾向：基于中国特岗教师的分析［J］. 教育科学研究，2023（3）：46-54.

［22］李东斌. 职业认同对乡村教师离职倾向的影响：领悟社会支持和职业使命感的链式中介作用［J］. 教育学术月刊，2021（9）：28-36.

［23］姜茹鑫，支慧，张纪豪，等. 护士出勤主义行为与心理健康状态、离职意愿的相关性研究［J］. 护理研究，2023，37（2）：327-332.

［24］谌一凡，罗尧岳，陈思怡，等. 长沙地区男护士职业认同感和离职意愿现状及影响因素［J］. 循证护理，2023，9（1）：135-139.

［25］PRICE J L. Handbook of organizational measurement.［J］International Journal of Manpower，1997，18（4/5/6）：305-558.

［26］MOBLEY W H. Employee turnover：causes，consequences，and control［M］. Reanding：Addison-Wesley. 1982.

［27］ STEER R M，MOEDAY R T. Employee turnover and post decision accommodation process：research on organization behavior ［M］. Greenwich：Jai Press，1981：235-281

［28］ LEE T W，MITCHELL T R. An alternative approach：the unfolding model of voluntary employee turnover ［J］. Academy of Management Journal，1994，19（1）：51-89.

［29］ HOM P W，LEE T W，SHAW J D，et al. One hundred years of employee turnover theory and research ［J］. Journal of Applied Psychology，2017，102（3）：237-253.

［30］ 袁庆宏，钱珊珊，王春艳. 员工离职研究综述与展望［J］. 中国人力资源开发，2017（4）：6-14.

［31］ HALE D，PLOYHART R E，SHEPHERD W. A two-phase longitudinal model of a turnover event：disruption，recovery rates，and moderators of collective performance ［J］. Academy of Management Journal，2016，59（3）：906-929.

［32］ WANG CHUNYAN，YUAN QINGHONG，CHEN LIN. The personnel earthquake continuum：consequences of collective turnover—a case study of Qidian Literature founders' collective turnover ［J］. Frontiers of Business Research in China，2016，10（1）：115-148.

［33］ 赵勇. 结构化工作满意度及其对离职倾向的影响研究［D］. 合肥：合肥工业大学，2010.

［34］ 袁庆宏，丁刚，李珲. 知识型员工职业成长与离职意愿：组织认同和专业认同的调节作用［J］. 科学学与科学技术管理，2014（1）：155-164.

［35］ 邓宏斌，殷仲义. "后劳动关系"阶段"强/弱关系"视角下的离职员工管理［J］. 中国人力资源开发，2013（5）：34-37.

［36］ 贾冀南，张琦，高素英. "后劳动关系"阶段的离职员工延续管理［J］. 企业管理，2017（2）：114-116.

［37］ 徐凤辉，赵忠. 企业雇员离职行为分析：中国经验的经济学审视［J］. 经济学动态，2015（11）：55-67.

［38］ 马丽，鲍红娟，杨春江，等. 新生代员工工作场所乐趣对离职的影响：组织嵌入的中介作用［J］. 北京：中国人力资源开发，2016（23）：

6-14.

［39］缴旭. 青年科技人才离职倾向形成机理及管理对策研究［D］. 北京：中国农业科学院，2017.

［40］蓝媛美，马亚兵，钟革秋，等. 特殊教育教师组织氛围与离职意向：职场孤独感的中介作用［J］. 中国特殊教育，2019（5）：10-15.

［41］王雪. 新媒体环境下高校思政教育转型探索［J］. 世纪桥. 2017（10）：66-67.

［42］罗昆，王芳，舒缨淇. 薪酬参照落差、晋升激励与 CEO 主动离职：来自国有上市公司的经验证据［J］. 中国经济问题，2019（1）：53-65.

［43］张双鹏，周建. 人力资本属性、高管离职与企业竞争优势［J］. 科学决策，2019（5）：55-78.

［44］田雅琳，仇勇，张杉杉. 情绪劳动对导游职业满意度和离职倾向的影响：一个被调节的中介效应模型［J］. 商业研究，2019（1）：139-146.

［45］MITCHELL J S，MITCHELSON J K，KOTRBA L M，et al. A comparative test of work-farmily conflict models and critical examination of work-family linkages［J］. Journal of Vocational Behavior，2009，74（2）：199-218.

［46］杨春江，马钦海，曾先峰. 从留职视角预测离职：工作嵌入研究述评［J］南开管理评论 . 2010（2）：105-118，131.

［47］杨春江，刘丹，毛承成. 中国情境下的工作嵌入：构念内涵、维度和量表开发［J］. 管理工程学报，2019，33（1）：122-133.

［48］FRIEDMAN R A，HOLTOM B. The effects of network groups on minority employee turnover intentions.［J］Human Resource Management，2002，41（4）：405-421.

［49］卢福财，陈云川. 工作嵌入理论述评：结构、测量及前因后效［J］. 江西财经大学学报，2013（1）：120-128.

［50］闫淑敏，李世杰，杨国栋，等. 基于工作嵌入的高科技人才多路径离职模型构建与实证分析［J］. 科技与经济，2011，24（5）：90-95.

［51］王林，邓沙. 新生代农民工离职倾向机制研究：工作嵌入的视角［J］. 农村经济，2017（1）：

[52] 黄婉凝. 工作嵌入视角下震撼事件对留职影响机制的跨层次研究 [D]. 秦皇岛：燕山大学，2017.

[53] 佘启发，叶龙. 工作嵌入、工作满意度对工作绩效的影响研究 [J]. 江西社会科学，2018，38（1）：227-235.

[54] 王永丽，卢海陵. 工作嵌入、工作家庭平衡与家庭内关系：基于员工及其配偶配对的视角 [J]. 管理评论，2018，30（11）：130-140.

[55] 徐千，高雪冬，康凯，等. 领导—成员交换对知识型员工关系绩效的影响：工作嵌入的中介作用[J]. 技术经济，2018，37(12)：45-52，60.

[56] 梁昊，李锡元，陈贝贝. 伦理领导更替一定会影响员工组织公民行为吗?：一个中介调节模型 [J]. 预测，2019，38（4）：1-9.

[57] JAMIE C LANDRY. The Relationship between career decision-making and level of anxiety among undergraduate students [D]. Carbondale：Southern Illinois University，2006.

[58] 窦雅琴. 大学生职业生涯规划教育面临的困境及对策 [J]. 职业时空，2015，11（11）：86-88，91.

[59] 范乃亮. 个人职业生涯规划与离职倾向间关系研究 [D]. 武汉：湖北工业大学，2016.

[60] ABRHAM H MASLOW. A theory of human motivation [J]. Psychological Review，1943，50（4），370-396.

[61] HERZBERG F，MAUSNES B，PETERSON R O，et al. Job attitudes：review of research and opinion [M]. Oxford：Psychological Service of Pittsburgh，1957.

[62] VROOM V H. Egoinvolvement，job satisfaction，and job performance [J]. Personnel Psychology，1962，15（2），159-177.

[63] EDWARD L，DECIRICHARD M RYAN. The empirical exploration of intrinsic motivational processes [J]. Advances in Experimental Social Psychology，1980：38-80.

[64] 许欣，胡兴球，唐震. 组织伦理氛围对外派回任员工离职倾向的影响研究：以工作嵌入为中介变量 [J]. 管理现代化，2018，38（2）：101-104.

[65] 苏方国. 高绩效人力资源实践与情感承诺：个人与组织匹配和个人与工作匹配的调节效应 [J]. 商业研究，2017（4）：105-114.

[66] YU K Y T. Inter-relationships among different types of person-envi-

ronment fit and job satisfaction [J]. Applied Psychology, 2016, 65 (1): 38-65.

[67] 周建波，汪志红，马俊，等. 基于中国亚文化人格模型的非正式组织文化思维模式 [J]. 管理学报，2019，16 (12)：1761-1770.

[68] 皮丹丹，汪瑛，张建人，等. 新生代中学教师工作价值观、工作满意度与离职倾向的关系 [J]. 中国临床心理学杂志，2018，26 (2)：371-374.

[69] 陈星汶，张义明. AMO 理论视角下员工参与管理研究 [J]. 中国人力资源开发，2015 (9)：34-39.

[70] 方俊. 奥尔森参与成本与非强制集体行动理论再勘查：风险投资的角度 [J]. 暨南学报 (哲学社会科学版)，2018，40 (2)：50-61.

[71] 肖杨. 基于工作嵌入理论的“80 后”知识型员工离职倾向影响因素的实证研究 [J]. 福建论坛 (人文社会科学版)，2015 (3)：147-153.

[72] 唐咏，倪小琪. 医务社会工作者职业紧张、组织支持与离职意愿的关系研究 [J]. 社会工作，2023 (2)：84-95，110-111.

[73] 李月星. P 会计师事务所员工工作满意度对离职倾向的影响研究 [J]. 西安石油大学学报 (社会科学版)，2023，32 (1)：66-74.

[74] 曾守锤. 社会工作者的离职意愿：行业内与行业外的比较 [J]. 重庆工商大学学报 (社会科学版)，2023，40 (4)：1-13.

[75] 赵君，谢玉平，王静. 公务员职业压力与离职意愿：基于工作要求—资源模型视角 [J]. 燕山大学学报 (哲学社会科学版)，2023，24 (2)：58-65.

[76] 李朋波，高静，黄子欣，等. 心理契约视角下不合规任务对员工离职倾向的影响机制研究 [J]. 管理学报，2023，20 (5)：705-714.

[77] 王淑红，王怡扬，汤一鹏，等. 私密性越高越好吗?：办公场所私密性供需匹配对员工情绪耗竭和离职意愿的影响研究 [J]. 中国人力资源开发，2023，40 (3)：65-80.

[78] 郑志刚，朱光顺，李倩，等. 双重股权结构、日落条款与企业创新：来自美国中概股企业的证据 [J]. 经济研究，2021，56 (12)：94-110.

[79] 王俊. 经济集聚、技能匹配与大城市工资溢价 [J]. 管理世界，2021，37 (4)：83-98.

［80］李广平，陈雨昂．资质过剩感对“90后”新生代员工创新行为的影响［J］．科研管理，2022，43（1）：184-191.

［81］刘琛琳，郑晓明，林珈忻．社区感对员工离职倾向的影响：一个有调节的链式中介模型［J］．中国健康心理学杂志，2023，31（1）：6-15.

［82］李秀玫，付宇，侯劭勋．“小镇做题家”的群体性焦虑及其来源［J］．当代青年研究，2022（1）：90-96.

［83］丁述磊，戚聿东，刘翠花．数字经济时代职业重构与青年职业发展［J］．改革，2022（6）：91-105.

［84］王振宏，吴海龙．工作—家庭冲突对幼儿园教师离职倾向的影响：职业幸福感的中介作用［J］．成都师范学院学报，2023，39（5）：77-83.

［85］张兰霞，杨硕，王乐乐，等．职场排斥对员工助人行为的影响机制研究［J］．管理学报，2022，19（9）：1306-1315.

［86］邓林园，高诗晴，王婧怡，等．新冠疫情期间中小学教师工作—家庭冲突和抑郁：有调节的中介模型［J］．心理发展与教育，2023，39（1）：121-131.

［87］张娟．高质量就业视角下柔性人力资源管理对员工满意度、离职倾向之研究［J］．中小企业管理与科技，2023（7）：68-70.

［88］周烁，张文韬．互联网使用的主观福利效应分析［J］．经济研究，2021，56（9）：158-174.

［89］郭晴，孟世超，毛宇飞．数字普惠金融发展能促进就业质量提升吗？［J］．上海财经大学学报，2022，24（1）：61-75，152.

［90］李鹏，张志超，杨洋，等．工作压力对中小学教师职业倦怠的影响：情绪劳动和工作满意度的链式中介作用［J］．心理与行为研究，2022，20（3）：412-418.

［91］刘松博，程进凯，王曦．远程办公的双刃剑效应：研究评述及展望［J］．当代经济管理，2023，45（4）：61-68.

［92］张婉莹，毛亚庆．校长变革型领导如何影响教师组织承诺：基于中介效应与调节效应的实证分析［J］．教育研究，2022，43（6）：134-147.

［93］李根祎．组织承诺在职业可持续性对员工创新行为影响中的作用

机制研究：基于社会交换理论［J］. 财经论丛，2022（5）：101-112.

［94］前程无忧. 2017 离职与调薪调研报告［R/OL］.（2016-12-15）［2023-03-05］.http://research.51job. com/insight-396. html.

［95］张持. 我国新生代员工职业特性研究［D］. 西安：西安工业大学，2017.

［96］孙佳晶. 新生代员工工作价值观、组织支持感与敬业度之间的关系研究［D］. 南宁：广西大学，2016.

［97］徐自强. 企业新生代员工离职倾向产生机理研究：基于员工心理契约视角［D］. 合肥：安徽大学，2016.

［98］张文婷. 新生代知识型员工人格特质、工作满意度与离职倾向关系实证研究［D］. 蚌埠：安徽财经大学，2016.

［99］秦瑶. 新生代员工职业成长对离职倾向的影响研究：领导—员工交换的调节作用［D］. 重庆：西南大学，2017.

［100］张莹. 新生代员工职业高原、职业倦怠与离职意愿的关系研究［D］. 西安：西安理工大学，2018.

［101］杜鹏程，陈云. 差错反感文化对新生代员工离职倾向的影响［J］. 华东经济管理，2019，33（6）：140-146.

［102］王潇，李文辉. 新生代员工冲突处理模式的影响因素研究：感知面子威胁类型与冲突对象的交互作用［J］. 软科学，2019，33（1）：114-119.

［103］李珲，丁刚. 资质过剩对新生代员工创新绩效的作用机理：工作塑造的中介作用与职业延迟满足的调节效应［J］. 技术经济与管理研究，2019（6）：3-9.

［104］王苗苗，张捷. 真实型领导对新生代员工创新行为的影响：内部人身份感知的中介作用［J］. 科学学与科学技术管理，2019，40（3）：127-141.

［105］朱仁宏，李萧玮. 国有企业员工编制身份与组织承诺：内在薪酬感知的调节作用［J］. 商业经济与管理，2022（10）：39-50.

［106］张婉莹，毛亚庆. 校长变革型领导如何影响教师组织承诺：基于中介效应与调节效应的实证分析［J］. 教育研究，2022，43（6）：134-147.

［107］JEFFREY H，GREENHAUS N J，BEUTELL. Sources of conflict between work and family roles［J］. The Academy of Management Review，1985，

10 (1): 76-88.

[108] PATRICIA V. Work demands and work-to-family and family-to-work conflict, 2005, 26 (6): 707-726.

[109] FRONE M R, RUSSELL M, COOPER M L. Antecedents and outcomes of work-family conflict: testing a model of the work-family interface [J]. The Journal of Applied Psychology, 1992, 77 (1): 65-78.

[110] HAMMER L B, GRANDEY B A. Work-family conflict and work-related withdrawal behaviors [J]. Journal of Business and Psychology, 2003, 17 (3): 419-436.

[111] HATAM N, JALALI MT, ASKARIAN M, et al. Relationship between family-work and work-family conflict with organizational commitment and desertion intention among nurses and paramedical staff at hospitals [J]. International Journal of Community Based Nursing&Midwifery, 2016, 4 (2): 107-118.

[112] ALLEN T D, HERST D E, BRUCK C S, et al. Consequences associated with work-to-family conflict: a review and agenda for future research [J]. Journal of Occupational Health Psychology, 2000, 5 (2): 278-308.

[113] ERNST K E, OZEKI C. Work-family conflict, policies, and the job-life satisfaction relationship: a review and directions for organizational behavior-human resources research. [J]. Journal of Applied Psychology, 1998, 83 (2): 139-149.

[114] LILLIAN T, EBY, WENDY J. CASPER, et al. Work and family research in IO/OB: content analysis and review of the literature (1980—2002) [J]. Journal of Vocational Behavior, 2003, 66 (1): 124-197.

[115] TREUREN, GERRIT. Employee embeddedness as a moderator of the relationship between work and family conflict and leaving intention [J]. International Journal of Human Resource Management, 2019, 30 (17): 2504-2524.

[116] 翟方钰. 工作—家庭冲突研究综述 [J]. 商学院, 2018 (4): 115-120.

[117] 刘永强. 工作—家庭冲突及其平衡策略研究综述 [J]. 外国经济与管理, 2006 (10): 51-57, 64.

［118］佟丽君，周春森. 企业员工工作—家庭冲突对工作和生活满意度的影响：大五人格的调节作用检验［J］. 心理科学，2009，32（3）：604-606.

［119］刘旺，冯建新，刘鸣，等. 高中教师的工作家庭冲突：特点及其对生活满意度的影响［J］. 中国特殊教育，2010（3）：77-81.

［120］潘镇，陈亚勤. 中国情景下工作—家庭冲突与离职倾向的关系［J］. 企业经济，2012，31（12）：42-47.

［121］江红艳，杨军，孙配贞，等. 工作资源对员工离职意向的影响：工作—家庭冲突的中介作用与主动性人格的调节作用［J］. 软科学，2018，32（10）：67-70.

［122］周金泉，何刚. 组织支持感、工作满意度与离职意愿：工作家庭冲突的中介机制［J］. 南大商学评论，2018（2）：159-175.

［123］WENJIE Z，HONGDAO M，SHUJUAN Y，et al. The influence of professional identity，job satisfaction，and work engagement on turnover intention among township health inspectors in China［J］. International Journal of Environmental Research and Public Health，2018，15（5）：988-1001.

［124］LOCKE E A. The nature and consequences of job satisfaction［J］. Dunnetter Handbook of Industrial and Organizational Psychology，1976（1）：1127-1137.

［125］DAWIS R V，PINTO P R，WEITZEL W，et al. Describing organizations as reinforcer systems：a new use for job satisfaction and employee attitude surveys［J］. Academic Press，1974，4（1）：55-66.

［126］ANASTASIOS Z，PANAYIOTIS C，ANTONIS L，et al. Job involvement，commitment，satisfaction and turnover：evidence from hotel employees in Cyprus［J］. Tourism Management，2014，4（1）：129-140.

［127］SPECTOR P E. When two factors don't reflect two constructs：how item characteristics can produce artifactual factors［J］. Journal of Management，1997，23（5）：659-677.

［128］ARTHUR P，BRIEF，JOAN F，et al. Feeling economically dependent on one's job：it's origins and functions with regard to worker well-being. 1997，27（15）：1303-1315.

［129］赵勇. 结构化工作满意度及其对离职倾向的影响研究［D］. 合

肥：合肥工业大学，2010.

[130] 卢嘉，时勘，杨继锋. 工作满意度的评价结构和方法［J］. 中国人力资源开发，2001（1）：15-17.

[131] 刘凤瑜，张金成. 员工工作满意度调查问卷的有效性及民营企业员工工作满意度影响因素研究［J］. 南开管理评论，2004，7（3）：98-104.

[132] 聂林. 学习型组织文化、工作满意度对组织承诺的影响研究［D］. 济南：山东大学，2014.

[133] I-HUI C，ROGER B，BARBARA J，et al. Job demand and job satisfaction in latent groups of turnover intention among licensed nurses in Taiwan nursing homes［J］. Research in Nursing & Health，2015，38（5）：342-356.

[134] YANG N，CHEN C C，CHOI J，et al. Sources of work-family conflict：a sino-US. comparison of the effects of work and family demands［J］. Academy of Management Journal，2000（43）：113-123.

[135] A K M MHT. Supervisor support and organizational commitment：the role of work-family conflict，job satisfaction，and work-life balance［J］. Journal of Employment Counseling，2019，56（3）：98-116.

[136] DING X，YANG Y，SU D，et al. Can job control ameliorate work-family conflict and enhance job satisfaction among Chinese registered nurses?：a mediation model［J］. Int J Occup Environ Med，2018，9（2）：97-105.

[137] RODKJAER L，GABEL C，LAURSEN T，et al. Simple and practical screening approach to identify HIV-infected individuals with depression or at risk of developing depression［J］. HIV Medicine，2016，17（10）：749-757.

[138] 刘宇，康健. 乡村医生离职倾向：综合保障水平、工作满意度和职业承诺的影响：来自藏羌少数民族聚居地的实证证据［J］. 农村经济，2019（12）：130-136.

[139] 张丽青，郑冬华，许多，等. 手术室护士间团结度对其工作满意度的影响研究［J］. 中华护理杂志，2016，51（1）：70-74.

[140] 武向荣. 义务教育教师工作满意度影响因素的实证研究［J］. 教育研究，2019，40（1）：66-75.

[141] 王琪如，谭晓东. 工作满意度和职业倦怠对医务人员离职意向的作用分析［J］. 中国卫生资源，2019，22（2）：122-126，149.

[142] 王琼，刘志宏，张萌. 民警社交媒体自我呈现对工作满意度的影响：积极情绪的中介作用 [J]. 心理与行为研究，2020，18 (3)：412-418.

[143] 罗渝川，罗晓利，王泉川，等. 某航空公司飞行员工作满意度影响因素分析 [J]. 中国职业医学，2017，44 (5)：592-595.

[144] 李恺，万芳坤. 乡村振兴背景下乡村教师工作满意度研究：基于心理契约的视角 [J]. 华中农业大学学报 (社会科学版)，2019 (4)：123-135，176.

[145] 文宏，张书. 机构改革背景下工作满意度对官员“为官不为”的作用机理：被调节的中介模型 [J]. 公共管理与政策评论，2019，8 (5)：32-45.

[146] 于潇，陈世坤. 提高收入还是提高公平感?：对中国城乡劳动力工作满意度的考察 [J]. 人口与经济，2019 (2)：78-91.

[147] 杨丽，连至炜，陈新月，等. 我国基层医务人员工作满意度调查及影响因素分析 [J]. 中国卫生质量管理，2020，27 (2)：68-71.

[148] 郭枫，冯正直，杨国愉，等. 军人心理健康在情感承诺提升工作满意度过程中的中介作用 [J]. 华北理工大学学报 (医学版)，2020，22 (1)：63-66.

[149] 王红芳，杨俊青，李野. 薪酬水平与工作满意度的曲线机制研究 [J]. 经济管理，2019，41 (7)：105-120.

[150] 文吉，侯平平. 酒店一线员工情绪智力与工作满意度：基于组织支持感的两阶段调节作用 [J]. 南开管理评论，2018，21 (1)：146-158.

[151] 李宪印，杨博旭，姜丽萍，等. 职业生涯早期员工的工作满意度、组织承诺与离职倾向关系研究 [J]. 中国软科学，2018 (1)：163-170.

[152] 缴旭. 青年科技人才离职倾向形成机理及管理对策研究 [D]. 北京：中国农业科学院，2017.

[153] 刘小平. 组织承诺研究综述 [J]. 心理学动态，1999 (4)：31-37.

[154] 凌文辁，张治灿，方俐洛. 中国职工组织承诺的结构模型研究 [J]. 管理科学学报，2000 (2)：76-81.

[155] 郭晓琳. 组织承诺、职业倦怠对互联网企业基层员工离职意愿的影响研究 [D]. 兰州：兰州交通大学，2018.

[156] STEERS R M. Antecedents and outcomes of organizational commitment [J]. Administrative Science Quarterly, 1977, 22 (1): 46-56.

[157] WILLIAMS L J, HAZER J T. Antecedents and consequences of satisfaction and cancnitment in turnover models [J]. Journal of Applied Psycholog, 1986, 7 (1): 219-231.

[158] MATHIEU J E. A cmss-level nonrecursive model of the antecedents of organizational cancnitment and satisfaction [J]. Journal of Applied Psychology, 1991, 76 (5): 492-499.

[159] HOLTOM B C, SMITH D R, LINDSAY D R, et al. The relative strength of job attitudes and job embeddedness in predicting turnover in a U.S. military academy [J]. Military Psychology, 2014, 26 (5-6): 397-408.

[160] JRG C W, JRG F. Dual commitment in the organization: effects of the interplay of team and organizational commitment on employee citizenship behavior, efficacy beliefs, and turnover intentions [J]. Journal of Vocational Behavior, 2017, 102 (5) 1-14.

[161] 徐细雄，淦未宇. 组织支持契合、心理授权与雇员组织承诺：一个新生代农民工雇佣关系管理的理论框架：基于海底捞的案例研究 [J]. 管理世界，2011 (12)：131-147，169.

[162] 凌玲，卿涛. 培训能提升员工组织承诺吗：可雇佣性和期望符合度的影响 [J]. 南开管理评论，2013，16 (3)：127-139.

[163] 凌玲，章璐璐. 培训对知识员工组织承诺的影响：基于职业承诺的中介与内部可雇佣性的调节作用 [J]. 贵州财经大学学报，2020 (2)：49-55.

[164] 张祥润，王宗水，时勘，等. 内隐领导原型对领导有效性的影响机制：领导信任的中介效应和上下级沟通频率的调节效应 [J]. 管理评论，2017，29 (5)：75-86.

[165] 李国梁，党桂杏. 广西新生代农民工职业选择意向影响因素研究：基于南宁市的数据分析 [J]. 广西社会科学，2017 (9)：51-59.

[166] 凌辉，皮丹丹，李光程，等. 基层公务员工作价值观与组织承诺的关系：性别的调节作用 [J]. 中国临床心理学杂志，2018，26 (3)：

561-564.

［167］韩翼. 工作绩效与工作满意度、组织承诺和目标定向的关系［J］. 心理学报，2008（1）：84-91.

［168］杨春江，田鹏妹，谭秀丽，等. 组织伦理气候、组织承诺与离职意向的关系：基于旅游企业样本的实证研究［J］. 中国人力资源开发，2016（23）：66-72.

［169］梁斌，李绍军，何睿立，等. 农村中小学校长工作价值观、组织承诺对其工作投入的影响［J］. 四川师范大学学报（社会科学版），2016，43（6）：56-65.

［170］郭杰，秦晓利，黄瑾，等. 变革型领导对员工离职倾向的影响研究［J］. 山东社会科学，2018（11）：166-171.

［171］侯秀云. 北京市某三甲医院精神科护士离职倾向及其影响因素研究［J］. 中国社区医师，2019，35（7）：186-189.

［172］朱征，陈星汶，刘军，等. 领导感激表达对员工离职意愿的影响研究：基于“自我”和“关系”的视角［J］. 南开管理评论，2022，25（2）：80-89，123，90-91.

［173］吴所禄. 大学生职业价值观、社会支持和职业规划关系研究：中韩比较的视角［D］. 哈尔滨：哈尔滨师范大学，2019.

［174］OSIPOW S H，CARNEY C G，BARAK A. A scale of educational-vocational undecidedness：a typological approach［J］. Journal of Vocational Behavior，1976，9（2），233-243

［175］LAWRENCE K JONES. Measuring a three-dimensional construct of career indecision among college students：a revision of the vocational decision scale—the career decision profile［J］. Journal of Counseling Psychology，1989，36（4）：477-486.

［176］凌文辁，张治灿，方俐洛. 中国职工组织承诺的结构模型研究［J］. 管理科学学报，2000（2）：76-81.

［177］GUTEK B A，SEARLE S，KLEPA L. Rational versus gender role explanations for work-family conflict［J］. Journal of Applied Psychology，1991，76（4），560-568.

［178］AHUJA M K，CHUDOBA K M，KACMAR C J，et al. IT road warriors：balancing work-family conflict，job autonomy and work overload to mitigate turnover intentions [J]. Mis Quarterly, 2007, 31 (1): 1-17.

[179] 陆佳芳，时勘，JOHN J. LAWLER. 工作家庭冲突的初步研究[J]. 应用心理学，2002，8 (2): 45-50.

[180] RAYMO J M, SWEENEY M M. Work-family conflict and retirement preferences [J]. Journals of Gerontology, 2006, 61 (3): 161-167.

[181] 林莉，黄鹂，周建平. 产业结构调整下职业院校学生就业压力分析及对策研究 [J]. 合肥工业大学学报 (社会科学版)，2013，27 (2): 129-133.

[182] MICHAEL R, FRONE, JOHN K, et al. Developing and testing an integrative model of the work-family interface [J]. Journal of Vocational Behavior, 1997, 50 (2): 145-167.

[183] CARLY S, BRUCK, TAMMY D, et al. The relation between work-family conflict and job satisfaction: a finer-grained analysis [J]. Journal of Vocational Behavior, 2002, 60 (3), 336-353.

[184] ALICIA G, BRYANNE C, ANN C. A longitudinal and multi-source test of the work-family conflict and job satisfaction relationship [J]. Journal of Occupational and Organizational Psychology, 2005, 78 (3): 305-323.

[185] OSMAN M KARATEPE, ORHAN U. Affectivity, conflicts in the work-family interface, and hotel employee outcomes [J]. International Journal of Hospitality Management, 2007, 27 (1): 30-41.

[186] DAWN S, CARLSON, JOSEPH G, et al. The relationship of schedule flexibility and outcomes via the work-family interface [J]. Journal of Managerial Psychology, 2010, 25 (4): 330-355.

[187] ANTONIA C S, JOSÉ-MARÍA S M, ANA-MARÍA C G. Work-family and family-work conflict: does intrinsic-extrinsic satisfaction mediate the prediction of general job satisfaction? [J]. The Journal of Psychology, 2011, 145 (5): 435-461.

[188] JESSE S MICHEL, MALISSA A CLARK. Has it been affect all along? a test of work-to-family and family-to-work models of conflict, enrichment, and satisfaction [J]. Personality and Individual Differences, 2009, 47 (3): 163-168.

[189] EDWIN A LOCKE. What is job satisfaction? [J]. Organizational

Behavior and Human Performance, 1969, 4 (4): 309-336.

[190] LANE M, IRVINE, MARTIN G E. Job satisfaction and turnover among nurses: integrating research findings across studies [J]. Nursing Research, 1995, 44 (4): 246-253.

[191] RONAN C, THOMAS N GARAVAN, FERGAL O, et al. Predicting hotel managers' turnover cognitions [J]. Journal of Managerial Psychology, 2003, 18 (7): 649-679.

[192] AMSTAD F T, MEIER L L, FASEL U, et al. A meta-analysis of work-family conflict and various outcomes with a special emphasis on cross-domain versus matching-domain relations. [J]. Journal of Occupational Health Psychology, 2011, 16 (2): 151-169.

[193] NATALIE J ALLEN, JOHN P, et al. Affective, continuance, and normative commitment to the organization: an examination of construct validity [J]. Journal of Vocational Behavior, 1997, 49 (3): 252-276.

[194] STALLWORTH H L. Mentoring, organizational commitment and intentions to leave public accounting [J]. Manageral Auditing Jounal, 2003, 18 (5): 405-418.

[195] LABATMEDIENE L, ENDRIULAITIENE A, GUSTAINIENE L. Individual correlates of organizational commitment and intention to leave the organization [J]. Baltic Journal of Management, 2007, 2 (2): 196-212.

[196] 张勉，李海，魏钧，等. 交叉影响还是直接影响？工作—家庭冲突的影响机制 [J]. 心理学报，2011，43 (5): 573-588.

[197] 赵西萍，刘玲，张长征. 员工离职倾向影响因素的多变量分析 [J]. 中国软科学，2003 (3): 71-74.

[198] BOYAR S L, MAERTZ C P, PEARSON A W, et al. Work-family conflict: a model of linkages between work and family domain variables and turnover intentions [J]. Journal of Managerial Issues, 2003, 15 (2): 175-190.

附　录

附录 1　员工离职管理实证研究（一）调查问卷

尊敬的先生/女士：

您好！

本问卷旨在对员工离职相关问题进行探索，烦请您在百忙之中协助我们完成此次问卷的填写。此次调查采用不记名问卷形式，选项间无对错之分。我们将对您的回答严格保密，收集到的数据仅供学术研究使用。完成整份问卷大概需要十五分钟，您的每一个选择对我们的研究都非常重要。

感谢您的支持与配合！

1. 您的性别：[单选题]

○男　　○女

2. 您的年龄段：[单选题]

○18 岁以下　○18～22 岁　○23～30 岁　○31～40 岁　○40 岁以上

3. 您的最高学历是：[单选题]

○大专　○本科　○硕士及以上　○其他

4. 您所在的企业性质是：[单选题]

○国有　○民营　○外资/合资

5. 您在现在的公司工作多少年了？[单选题]

○半年以内　○半年到一年　○1～2 年　○3～5 年　○6～10 年　○十年以上

6. 您最近一年内是否有过离职的经历 [单选题]

○有　○无

职业规划量表

7. 请根据您的自身情况选择合适的分数，分数越高表明与您的实际情况越符合。[1~5 分]

7.1 我已经决定了自己的发展方向，并对此感到满意。

7.2 我对自己选择的行业感到满意。

7.3 我要选择一份工作，但是我对所知道的工作种类都不感兴趣。

7.4 我很容易受到别人的影响，因此很难决定自己的发展方向。

7.5 因为确定发展方向让人很有压力，所以想尽快做决定。

7.6 因为不知道我的社会适应性和能力，所以无法立刻决定我的发展方向。

8. 工作嵌入量表（有过离职经历的员工将分别对前一份工作与现在的工作进行工作嵌入评价）

8.1 我的工作能使我有时间精力照顾家庭。

○非常不同意　○不太同意　○不能确定　○比较同意　○非常同意

8.2 我的工作的工资待遇不错。

○非常不同意　○不太同意　○不能确定　○比较同意　○非常同意

8.3 我的工作让我感觉体面（受尊重）。

○非常不同意　○不太同意　○不能确定　○比较同意　○非常同意

8.4 辞职会给我的家庭造成不小的损失。

○非常不同意　○不太同意　○不能确定　○比较同意　○非常同意

8.5 工作中我有很多晋升机会。

○非常不同意　○不太同意　○不能确定　○比较同意　○非常同意

8.6 我需要与同事密切协作。

○非常不同意　○不太同意　○不能确定　○比较同意　○非常同意

8.7 我和企业同事相处很愉快。

○非常不同意　○不太同意　○不能确定　○比较同意　○非常同意

8.8 工作之余，我和同事们交往频繁。

○非常不同意　○不太同意　○不能确定　○比较同意　○非常同意

8.9 工作的内容与我的专业对口。

○非常不同意　○不太同意　○不能确定　○比较同意　○非常同意

8.10 工作中，我们团队（班组）合作很好。

○非常不同意　○不太同意　○不能确定　○比较同意　○非常同意

8.11 我喜欢我的工作。

○非常不同意　○不太同意　○不能确定　○比较同意　○非常同意

8.12 我的工作有助于我专业技术水平的提高。

○非常不同意　○不太同意　○不能确定　○比较同意　○非常同意

8.13 我的工作有助于我实现我的个人理想。

○非常不同意　○不太同意　○不能确定　○比较同意　○非常同意

8.14 我工作的城市方便我照顾父母。

○非常不同意　○不太同意　○不能确定　○比较同意　○非常同意

8.15 我很难离开我工作的城市。

○非常不同意　○不太同意　○不能确定　○比较同意　○非常同意

8.16 我不会轻易地到外地找工作。

○非常不同意　○不太同意　○不能确定　○比较同意　○非常同意

8.17 离开这个城市我会损失很多。

○非常不同意　○不太同意　○不能确定　○比较同意　○非常同意

8.18 我的亲属大多生活在这个城市。

○非常不同意　○不太同意　○不能确定　○比较同意　○非常同意

8.19 我在这个城市有很多社会关系。

○非常不同意　○不太同意　○不能确定　○比较同意　○非常同意

8.20 我和家人同住在这个城市。

○非常不同意　○不太同意　○不能确定　○比较同意　○非常同意

8.21 我喜欢这个城市。

○非常不同意　○不太同意　○不能确定　○比较同意　○非常同意

8.22 我喜欢这里的生活节奏和风土人情。

○非常不同意　○不太同意　○不能确定　○比较同意　○非常同意

8.23 我熟悉这个城市，并习惯在这里生活。

○非常不同意　○不太同意　○不能确定　○比较同意　○非常同意

本问卷中所提到的活动，包括但不限于部门聚餐、团建、集体旅行、文艺表演等形式下由公司同事共同参与的工作任务之外的活动。组织方可以是公司人力资源部门、主管，也可以是员工。有离职经历的员工将分别对前一份工作与现在的工作进行嵌入活动参与选择权、嵌入满意度评价。

9. 参与选择权

○都可以自由选择是否参加

○部分活动可以选择，有些活动要求必须参加

○所有活动都不能选择，必须参加

10. 被要求必须参加活动时您的想法是？

○愿意积极配合○可以理解活动的意义和目的，愿意参加○没有想法

○有些不满，但碍于情面还是会参加○非常不满，但敢怒不敢言，只能硬着头皮参加

11. 嵌入满意度

11.1 我对现在和我一起搭档工作的同事感到满意。

○非常不符合　○不太符合　○不确定　○比较符合　○非常符合

11.2 我对现在公司的各项业余活动的形式感到满意。

○非常不符合　○不太符合　○不确定　○比较符合　○非常符合

11.3 我对现在公司组织业余活动的频率感到满意。

○非常不符合　○不太符合　○不确定　○比较符合　○非常符合

11.4 我很满意现在公司的业余活动时长安排。

○非常不符合　○不太符合　○不确定　○比较符合　○非常符合

11.5 现在公司业余活动形式很单调，我逐渐丧失了兴趣。

○非常不符合　○不太符合　○不确定　○比较符合　○非常符合

11.6 现在公司的各种业余活动占用了我很多休息时间。

○非常不符合　○不太符合　○不确定　○比较符合　○非常符合

11.7 我不得不放弃原有计划，参与公司组织的业余活动。

○非常不符合　○不太符合　○不确定　○比较符合　○非常符合

11.8 现在公司组织的各种业余活动有助于我融入组织、增进同事彼此间的了解。

○非常不符合　○不太符合　○不确定　○比较符合　○非常符合

12. 离职意愿

12.1 我非常希望离开目前这个企业。

○非常不符合　○不太符合　○不确定　○比较符合　○非常符合

12.2 我计划在这个企业做长期的职业发展。

○非常不符合　○不太符合　○不确定　○比较符合　○非常符合

12.3 我常常对目前的工作感到厌烦，想要换个新工作。

○非常不符合　○不太符合　○不确定　○比较符合　○非常符合

12.4 在未来半年内，我很可能会离开目前这个企业。

○非常不符合　○不太符合　○不确定　○比较符合　○非常符合

附录2　员工离职管理实证研究（二）调查问卷

尊敬的先生/女士：

您好！

这次调查是为了探讨工作—家庭冲突与员工离职的相关问题，感谢您抽空参与我们的本次调查。各选项之间没有绝对的对与错，请您根据自身情况如实填写。本调查是匿名进行，回收数据只用于学术研究，我们将保证您的答案的私密性。此次调查大约需要15分钟，感谢您的理解与支持！

1. 性别：

○男　　○女

2. 年龄

○小于18岁　○18~28岁　○29岁~39岁　○40岁~50岁　○高于50岁

3. 婚姻状况

○未婚无对象　○未婚有对象　○已婚未育　○已婚已育

○离婚无子女　○离婚有子女

4. 您的最高学历是（含在职取得的学历学位）：

○高中及以下　○大专　○本科　○硕士　○博士

5. 您在现企业工作时间

○不到1年　○1~2年　○3~5年　○6~9年　○高于10年

6. 您的现企业性质

○国有及国有控股企业　○民营或私营企业　○外资企业

○公务员或事业单位　○其他

7. 近1年是否有过离职经历（　　）

○是　　○否

第一部分

工作—家庭冲突量表

8. 请您仔细阅读下列描述，根据您工作的实际情况进行打分。最低分1分，代表最不符合；最高分5分，代表最符合。

8.1 我的工作要求对我的家庭生活造成了影响。

8.2 我的工作时间使我很难履行家庭责任。

8.3 由于工作时间紧迫，我无法完成我想做的事。

8.4 我的工作压力使我很难更改家庭活动计划。

8.5 我的家庭活动计划必须因为我的工作职责做出改变。

8.6 我的家人的要求影响了我的工作活动。

8.7 家庭原因使我不得不推迟工作。

8.8 我的家人提出的一些要求占据我原本的工作时间，使我没有完成工作。

8.9 我的家庭生活影响了我的工作职责，例如准时上班、完成日常任务或加班。

8.10 家庭压力会影响我的工作能力。

第二部分

工作满意度量表

9. 以下是关于工作的描述，请判断所描述内容与您实际情况的相符程度。

9.1 我在工作中能够一直保持忙碌的状态。

○完全不相符　○基本不相符　○无法确定　○基本相符　○完全相符

9.2 我在工作中有独立工作的机会。

○完全不相符　○基本不相符　○无法确定　○基本相符　○完全相符

9.3 我的工作能做一些不同的事情。

○完全不相符　○基本不相符　○无法确定　○基本相符　○完全相符

9.4 我在团体中有机会担任重要的角色。

○完全不相符　○基本不相符　○无法确定　○基本相符　○完全相符

9.5 我的老板对待他/她的下属的方式让我感到满意。

○完全不相符　○基本不相符　○无法确定　○基本相符　○完全相符

9.6 我的上级做决策的能力让我感到满意。

○完全不相符　○基本不相符　○无法确定　○基本相符　○完全相符

9.7 工作中我能够不违背本心地做事情。

○完全不相符　○基本不相符　○无法确定　○基本相符　○完全相符

9.8 我对我的工作稳定性感到满意。

○完全不相符　○基本不相符　○无法确定　○基本相符　○完全相符

9.9 工作中我有为其他人做事情的机会。

○完全不相符　○基本不相符　○无法确定　○基本相符　○完全相符

9.10 工作中我有指导他人做事情的机会。

○完全不相符　○基本不相符　○无法确定　○基本相符　○完全相符

9.11 我在工作中能够充分发挥我的能力。

○完全不相符　○基本不相符　○无法确定　○基本相符　○完全相符

9.12 目前公司政策实施的方式让我感到满意。

○完全不相符　○基本不相符　○无法确定　○基本相符　○完全相符

9.13 我对目前自己的收入与工作量感到满意。

○完全不相符　○基本不相符　○无法确定　○基本相符　○完全相符

9.14 目前的工作能给予我晋升的机会。

○完全不相符　○基本不相符　○无法确定　○基本相符　○完全相符

9.15 我在工作中有自己做出判断的自由。

○完全不相符　○基本不相符　○无法确定　○基本相符　○完全相符

9.16 工作中我能自主决定如何完成工作。

○完全不相符　○基本不相符　○无法确定　○基本相符　○完全相符

9.17 我对目前的工作条件（环境、设施等）感到满意。

○完全不相符　○基本不相符　○无法确定　○基本相符　○完全相符

9.18 我对同事之间相处的方式感到满意。

○完全不相符　○基本不相符　○无法确定　○基本相符　○完全相符

9.19 工作表现出色时我能获得相应的奖励。

○完全不相符　○基本不相符　○无法确定　○基本相符　○完全相符

9.20 我能够从工作中获得一定的成就感。

○完全不相符　○基本不相符　○无法确定　○基本相符　○完全相符

第三部分

组织承诺量表

10. 以下是关于工作的描述，请判断每个项目所描述内容与您实际情况的相符程度。

10.1 我很乐意长期在目前的企业中工作下去。

○完全不相符　○基本不相符　○无法确定　○基本相符　○完全相符

10.2 我对目前的企业没有太多归属感。

○完全不相符　○基本不相符　○无法确定　○基本相符　○完全相符

10.3 在目前的企业工作对我来说非常有意义。

○完全不相符　○基本不相符　○无法确定　○基本相符　○完全相符

10.4 我并不觉得自己在情感上特别依附于目前的企业。

○完全不相符　○基本不相符　○无法确定　○基本相符　○完全相符

10.5 我感觉企业就像自己的家一样，有一种归属感。

○完全不相符　○基本不相符　○无法确定　○基本相符　○完全相符

10.6 我经常会把企业的事情当成自己的事情来考虑。

○完全不相符　○基本不相符　○无法确定　○基本相符　○完全相符

10.7 离职对我损失太大，即使我不愿意，但我还是不能离开。

○完全不相符　○基本不相符　○无法确定　○基本相符　○完全相符

10.8 如果没有这么深广地融入这个组织，我可能会考虑离开。

○完全不相符　○基本不相符　○无法确定　○基本相符　○完全相符

10.9 离开目前的工作企业，我很难找到一个可替代的工作。

○完全不相符　○基本不相符　○无法确定　○基本相符　○完全相符

10.10 离开目前的工作企业，我可以选择的合适的工作太少。

○完全不相符　○基本不相符　○无法确定　○基本相符　○完全相符

10.11 留在目前的企业继续工作是我的一种愿望，更是我的一种需要。

○完全不相符　○基本不相符　○无法确定　○基本相符　○完全相符

10.12 如果我现在决定离开目前的企业，生活会受到很大的影响。

○完全不相符　○基本不相符　○无法确定　○基本相符　○完全相符

10.13 我并没有感觉到自己有责任和义务继续留在这个组织中服务。

○完全不相符　○基本不相符　○无法确定　○基本相符　○完全相符

10.14 即使这样做有利，我也不认为离开目前的工作企业是正确的。

○完全不相符　○基本不相符　○无法确定　○基本相符　○完全相符

10.15 我觉得自己亏欠企业很多，应该留在企业里服务以回报组织。

○完全不相符　○基本不相符　○无法确定　○基本相符　○完全相符

10.16 我不会马上离开企业，因为我觉得对企业有一份责任和义务。

○完全不相符　○基本不相符　○无法确定　○基本相符　○完全相符

10.17 我觉得这个企业值得我为它效忠。

○完全不相符　○基本不相符　○无法确定　○基本相符　○完全相符

10.18 如果我现在就离开目前这个企业，我会感到愧疚。

○完全不相符　○基本不相符　○无法确定　○基本相符　○完全相符

第四部分

离职意愿量表

11. 请您仔细阅读下列描述，选择最符合您目前实际情况的选项。

11.1 我基本上没有离开现在这个企业的想法。

○完全不相符　○基本不相符　○无法确定　○基本相符　○完全相符

11.2 我打算在这个企业做长期的职业发展规划。

○完全不相符　○基本不相符　○无法确定　○基本相符　○完全相符

11.3 我经常厌烦现在的工作并想跳槽。

○完全不相符　○基本不相符　○无法确定　○基本相符　○完全相符

11.4 我很可能会在接下来的 1 年内离开现在这个企业。

○完全不相符　○基本不相符　○无法确定　○基本相符　○完全相符